EDUCAÇÃO:
CERTEZAS E APOSTAS

FUNDAÇÃO EDITORA DA UNESP

Presidente do Conselho Curador
Antonio Manoel dos Santos Silva

Diretor Presidente
José Castilho Marques Neto

Assessor Editorial
Jézio Hernani Bomfim Gutierre

Conselho Editorial Acadêmico
Aguinaldo José Gonçalves
Álvaro Oscar Campana
Antonio Celso Wagner Zanin
Carlos Erivany Fantinati
Fausto Foresti
José Aluysio Reis de Andrade
Marco Aurélio Nogueira
Maria Sueli Parreira de Arruda
Roberto Kraenkel
Rosa Maria Feiteiro Cavalari

Editor Executivo
Tulio Y. Kawata

Editoras Assistentes
Maria Apparecida F. M. Bussolotti
Maria Dolores Prades

HUBERT HANNOUN

EDUCAÇÃO: CERTEZAS E APOSTAS

TRADUÇÃO DE
IVONE C. BENEDETI

1ª Reimpressão

Copyright © 1996 by Presses Universitaires de France
Título original em francês: *Les paris de l'éducation*.

Copyright © 1997 da tradução brasileira:
Fundação Editora da UNESP (FEU)
Praça da Sé, 108
01001-900 - São Paulo - SP
Tel.: (011) 232-7171
Fax: (011) 232-7172
Home page: www.editora.unesp.br
E-mail: feu@editora.unesp.br

Dados Internacionais de Catalogação na Publicação (CIP)
(Câmara Brasileira do Livro, SP, Brasil)

Hannoun, Hubert
    Educação: certezas e apostas / Hubert Hannoun; tradução de Ivone C. Benedeti. - São Paulo: Fundação Editora da UNESP, 1998. - (Encyclopaidéia)

    Título original: Les paris de l'éducation.
    Bibliografia.
    ISBN 85-7139-188-2

    1. Educação - Filosofia 2. Hannoun, Hubert 3. Psicologia educacional I. Título. II. Série.

98-1816   CDD-370.1

Índice para catálogo sistemático:
1. Educação: Filosofia 370.1

Cet ouvrage, publié dans le cadre du programme de participation à la publication, bénéficie du soutien du Ministère Français des Affaires Etrangères, de l'Ambassade de France au Brésil et de la Maison Française de Rio de Janeiro.

Este livro, publicado no âmbito do programa de participação à publicação, contou com o apoio do Ministério Francês das Relações Exteriores, da Embaixada da França no Brasil e da Maison Francesa do Rio de Janeiro.

Editora afiliada:

Associación de Editoriales Universitarias
de América Latina y el Caribe

Associação Brasileira de
Editoras Universitárias

SUMÁRIO

Introdução, *9*

Capítulo I
Os pressupostos da educação, *11*

    Pressupostos fundamentais, *13*
        Supõe-se que a humanidade seja obreira da felicidade, *13*
        Supõe-se positiva a imagem do homem que vai ser formado, *16*
        Supõe-se que a pessoa humana seja perfectível, *17*
        Supõe-se que a pessoa humana esteja capacitada para a liberdade, *21*

    Pressupostos instrumentais, *24*
        Supõe-se que a educação não seja "conversa fiada", *24*
        Supõe-se que a finalidade da educação seja fundamentada, *26*
        Supõe-se que as estruturas escolares sejam adequadas, *27*
        Supõe-se que os conteúdos escolares sejam cientificamente determinados, *28*

Supõe-se que a avaliação escolar seja objetiva, *30*
Supõe-se que quem ensina seja capaz de
ensinar, *30*
Supõe-se que quem ensina tenha vontade de
ensinar, *31*
Supõe-se que a mensagem coletiva atinja
o aluno-indivíduo, *32*
Supõe-se que a motivação do aluno seja real, *34*
Supõe-se que a competência adquirida se
tornará aptidão, *35*
Supõe-se que a comunicação interindividual
seja possível e válida, *37*
Supõe-se que a educação não seja manipulação, *38*
Supõe-se que a virtude possa ser ensinada, *39*

Capítulo II
Certezas e incertezas dos fundamentos da educação, *43*

A inevitável perplexidade do decididor, *45*
   Móbeis e motivos da decisão, *45*
   O móbil: um ser, não um valor, *47*
   O claro-escuro dos motivos, *50*
   O molde social da decisão, *54*
   O difícil caminhar do conhecimento humano, *58*
   A coleta in-sensata do fruto da árvore da
      ciência do bem e do mal, *77*

As areias movediças do mundo, *108*
   No mundo das coisas, o emaranhado
      complexo de ordem e desordem, *108*
   O insondável mundo do homem, *112*

Capítulo III
Apostar em educação, *117*

A aposta, entre sentido e não-sentido, *117*
   Cremos racionalmente, *118*
   O caniço pensante também é atuante, *120*
   A indefectível presença dos afetos, *122*
   Aposta, complemento da reflexão, *128*

O sentido da aposta, *129*
   As apostas da espera, *129*
   Aposta enactante ou "concepção" do mundo, *131*

O sentido de uma liberdade, *147*
Os riscos de educar, *148*
A rosa e o resedá, *150*
O casamento será possível?, *153*

Capítulo IV
A moral da educação, *157*

Lucidez e liberdade do apostador, *158*

A coragem entusiástica de educar, *166*

A conquista permanente de uma transcendência, *170*

Conclusão
Educação, uma neguentropia humana, *175*

Referências bibliográficas, *179*

INTRODUÇÃO

Os educadores têm em comum com economistas, políticos, urbanistas, geneticistas e outros transformadores possíveis da humanidade a responsabilidade pelo futuro desta. Cada um em seu campo tenta responder a nossas expectativas desenhando o rosto futuro do mundo. Para construir nosso porvir, o economista traça as linhas de novos intercâmbios materiais, o político constrói as condições de nossa coexistência com os outros, o urbanista lança as primeiras pedras de uma moldura para a vida, o geneticista – com todos os desvios de rota que isso supõe – gostaria de modelar nossa estatura física, ao passo que o educador, por sua vez, pretende desenhar nossa personalidade global. Cada um em sua arena, deus dos Tempos Modernos, quer-se criador de um homem com as cores da sua teologia.

Percebe-se quantos riscos essa pretensão comporta. De fato, pode-se porventura apostar com toda a convicção e consciência na legítima fundamentação dos valores sobre os quais se constrói esse homem de amanhã? A sociedade do político, a cidade do urbanista, o corpo do biólogo e a pessoa do educador serão por acaso, amanhã, o ambiente e os atores de uma humanidade que evolui para seu melhor modo de ser? O homem – e o educador em particular – não estará brincando de aprendiz de feiticeiro quando lança no mundo um ser que ele decidiu transformar – em nome de um poder que se arroga – em anjo ou fera? Essa criação do homem pelo homem não exigirá um sentido de responsabilidade que, nesse caso, o criador talvez não esteja à altura de assumir?

As linhas que se seguem pretendem abordar essa questão considerando a educação segundo três perspectivas. A primeira diz respeito à prática da educação, ao contato efetivo entre educador e educando considerado em todas as suas implicações bioafetivas, psicológicas, psicossociológicas, sociológicas etc. A segunda refere-se à ciência da educação, reflexão sobre as leis que explicam e, às vezes, prevêem os processos educacionais. Finalmente, a terceira perspectiva é a da filosofia da educação, que tenta descobrir – às vezes sugerir – seu sentido e suas finalidades. Tem-se, com efeito, o direito de perguntar se, nesses três níveis, a reflexão sobre a educação avança com passo seguro, se pode fundar em razão e direito a ação, o conhecimento e os valores que seu projeto afirma ter. Está ela em condições de ultrapassar a simples constatação assertórica das realidades educacionais para chegar a afirmar a sua necessidade apodítica? Em suma, precisamos de uma "metateoria da educação", que esteja em condições de nos esclarecer sobre os seus fundamentos.

É essa metateoria da educação que nos propomos abordar aqui. Com que grau de convicção poderemos fundar nossa prática e nossa teoria da educação? Estaremos convencidos do valor de nosso pensamento e de nossa ação quando tomamos decisões sobre nosso comportamento perante a criança, sobre o conteúdo educacional que lhe propomos ou sobre o método que nos parece mais adequado para atingir um objetivo cujo valor formador afirmamos? Haverá algum piloto clarividente no avião da educação? A nós nos parece que essa clarividência nem sempre é esclarecedora, em razão, por um lado, da precariedade de seus instrumentos de pilotagem e, por outro, das condições tempestuosas de seu percurso. O conhecimento humano nem sempre é confiável, e as coisas da educação nem sempre são claramente apreensíveis.

Em tais condições, qual é o sentido de uma educação que se pretende, ao mesmo tempo, válida e eficaz?

CAPÍTULO I

OS PRESSUPOSTOS DA EDUCAÇÃO

Se nos detivermos diante de alguns quadros comuns do processo educacional, veremos a mãe de família preocupada com o atraso do filho ao sair da escola, os pais que se interrogam sobre as "amizades" do filho (ou da filha) adolescente, o professor que se espanta com o número de repetentes em sua classe, o diretor de escola diante de problemas de violência, drogas e evasão, o diretor de colônia de férias questionado sobre o isolamento de dada criança etc. Consideremos que esses pais, professores e educadores reflitam com toda a seriedade possível sobre esses problemas. Que atitude adotar em relação a meu filho, a meu aluno? O que fazer diante desta ou daquela atitude deles? Que conhecimentos transmitir-lhes? O que fazer para que os assimilem efetivamente? Serei severo demais ou de menos? Onde começa a severidade? Em que condições meu comportamento de educador ajuda o educando, evitando tornar-se ingerência ou indiferença? Qual o futuro de meu filho (ou minha filha)? Qual o amanhã de meus alunos? Que adultos serão eles? Qual o sentido de minha ação de educador? Educo por quê? Para quê? E às vezes até surge a pergunta: o objetivo de minha ação de educador valerá o trabalho que tenho para realizá-la? Mesmo quando a reflexão desencadeada por esse questionamento é estruturada, generosa e de longo alento, terá ela condições de me revelar as justificações capazes de me dar segurança? Possibilitará dar real fundamento aos conteúdos, métodos, objetivos e finalidades de minha ação? Parece que essa segurança nem sempre é obtida, se é que pode sê-lo. A clareza de meus motivos, no ato educacional, nunca parece total. Por quê?

Acreditamos que a reflexão que esclarece uma ação – tanto em matéria de educação quanto em qualquer outro campo – chama à baila pressupostos cujo caráter de evidência freqüentemente impede o questionamento, portanto a apreciação consciente, de sua verdade e de seu valor. Nós pensamos, raciocinamos, demonstramos a partir de asserções que não são nem pensamentos – nem sequer conscientes por vezes – nem raciocínios nem demonstrações, mas simplesmente suposições num subconsciente nebuloso. Para retomar a célebre formulação de Kant, agimos como se (*als ob*) esses pressupostos fossem fundados em verdade e valor. Há uma espécie de vazio da justificação racional. E é quando o homem tenta preencher esse vazio que ocorrem as revoluções do pensamento. O questionamento da força como fundamento da ação humana, a revolução copernicana de Kant – ou a do próprio Copérnico –, a apreensão de um espaço de quatro dimensões por Einstein, todos esses são momentos em que o vazio dos fundamentos do pensamento provoca uma vertigem salutar que cria novos questionamentos e inovações.

Em matéria de educação, alguns desses pressupostos podem ser considerados fundamentais, intervindo – nos planos teórico, pessoal e sociopolítico – na origem de qualquer processo educacional, ocorra ele na família, na escola, na fábrica, na rua, nos locais de lazer etc. São, desse modo, os pressupostos de toda reflexão educacional. Os outros serão chamados instrumentais e dizem respeito – em particular na escola – ao modo como a educação é vivenciada. Esses são os pressupostos da ação educacional. Parece que nem os pressupostos fundamentais nem os pressupostos instrumentais são, de modo geral, apreendidos com toda a clareza pelo educador. A ação educacional não seria então apenas o caminhar titubeante de alguém que enxerga mal?

A reflexão e a ação educacionais fundam-se, portanto, em considerações inevitáveis, por um lado, mas cujos fundamentos, por falta de justificação teórica, são apenas supostos. Quais são esses pressupostos?

PRESSUPOSTOS FUNDAMENTAIS

SUPÕE-SE QUE A HUMANIDADE SEJA OBREIRA DA FELICIDADE

Os pressupostos fundamentais da educação situam-se, em primeiro lugar, no nível de suas finalidades. Essencialmente, ela exige do educador consciente certa confiança na humanidade. Por quê?

A formação do homem, no que de mais remoto se conhece de sua história, inicialmente assumiu o aspecto de educação informal, ou seja, a ação do conjunto das determinações biogenéticas e ambientais recebidas pelo indivíduo. Encontra-se uma ilustração dessa situação na descrição das crianças selvagens, descobertas já em idade razoavelmente avançada (cerca de dez anos, às vezes), que viviam de modo quase animal num ambiente físico-biológico ao qual haviam conseguido adaptar-se sem nenhum contato humano, portanto sem nenhuma educação formal.[1] Um dos casos mais célebres de crianças selvagens é o de Victor de l'Aveyron, que um médico, Dr. Itard, imbuído das teses enciclopedistas, tentou educar entre 1801 e 1807. Victor – observou o Dr. Itard –, nos primeiros tempos que se sucederam à sua descoberta, só possuía as faculdades que lhe permitiam sobreviver no meio natural onde até então evoluíra. Durante esse período, por exemplo, era sensível ao ramalhar das folhas das árvores, mas não à detonação de um tiro. Em outras palavras, Victor não possuía, então, nenhuma faculdade que lhe permitisse sobreviver em meio civilizado – ou seja, marcado pelo impacto do homem – de seu tempo. Só depois de algum tempo de educação formal consegue dormir em cama ou usar prato. Mas

---

1 Ver, a respeito, L. Malson, 1964.

nunca falará a linguagem humana habitual entre as crianças (aparentemente) de sua idade. Pode-se dizer que a personalidade de Victor, quando foi achado, era a imagem de uma humanidade privada de educação formal.

Essa educação formal, ou seja, a concebida, projetada e decidida pelo homem, opõe-se de maneira voluntarista à educação informal, reduzida a produto do acaso e das circunstâncias físico-biológicas de sua existência. Educar, no sentido formal do termo, é recusar a onipotência das determinações biológicas e ambientais como construtoras da personalidade atual e futura do homem e, correlativamente, permitir que este acrescente sua própria marca à construção de seu destino. Pela educação formal, a humanidade exprime sua revolta contra a exclusividade invasora da educação informal. No quadro da humanidade futura, seu desejo é apor a assinatura do homem ao lado das determinações informais.

Essa interpretação da educação é filha do mito platônico de Prometeu. Platão escreve: "Já chegara, porém, o dia em que deveria ser destino do homem sair da terra para elevar-se até a luz. Então, Prometeu, enleado em dificuldades para saber por quais meios poderia proteger o homem, rouba de Hefesto e Atena o gênio criador das artes, roubando-lhes o fogo ...; e é assim procedendo que o dá ao homem de presente. Foi desse modo que o homem adquiriu a inteligência aplicada às necessidades da vida" (*Protágoras*, 321c-d).[2]

O ato de Prometeu simboliza a revolta do homem contra as forças que lhe dominam o destino. Ele não está mais à espera do fogo dos deuses; já tem condições de criá-lo pessoalmente. Desse modo, passa a ser, ao lado dos outros fatores de sua pessoa, o co-piloto de sua evolução. Sua ação tem o sentido de intervir ao lado dos fatores biológicos e ambientais, e às vezes contra eles, na previsão e na preparação de seu rosto futuro.

A educação formal é, pois, o empreendimento da humanidade, que, num movimento de revolta liberadora das determi-

---

2 Os textos citados de Platão são extraídos da tradução francesa (de L. Robin) de suas obras completas, Gallimard, La Pléiade, 1960.

nações externas e construtora da pessoa,[3] decide participar do traçado de seu próprio perfil.

Assim, por meio da educação formal, o homem se torna decididor de si mesmo. Mas esse ato libertador é prenhe de implicações. Na realidade, agora é à humanidade, e não mais aos acasos de um ambiente cego, que cabe decidir fins, objetivos, conteúdos e métodos da educação. É o homem que faz o homem e, desse modo, torna-se responsável pelo homem. Mas a escultura do homem pelo homem comporta todos os possíveis: tanto esperanças arrebatadoras como erros trágicos, tanto construções solidárias como depravações destruidoras, tanto generosa ação neguentrópica como rivalidades entrópicas devastadoras; em suma, tanto salvação como perdição da humanidade. A liberdade prometéica pode levar-nos tanto para o Capitólio como para a Rocha Tarpéia.[4] É a humanidade que vai decidir. Mas essa liberdade, em que se entremesclam conflitos de poderes, interesses contraditórios, cristalizações de opiniões e estereótipos paralisantes, muitas vezes deixa pouco espaço à discriminação clara dos valores que servirão de alicerce para a sobrevivência possível. Não cria quem quer uma descendência duradoura. O homem conseguirá? Terá ele realmente meios de discriminar claramente os fatores possíveis de sua destruição e os de sua sobrevivência? Jacques Monod (1970) adverte: "O homem sabe, finalmente, que está sozinho na imensidão indiferente do Universo, de onde emergiu por acaso. Nem seu destino nem seu dever estão escritos em parte alguma. Só a ele cabe optar entre o Reino e as trevas".

O ato de educar pressupõe, assim, que o homem escolherá o Reino, e não as trevas. Essa escolha é uma condição *sine qua non* da educação formal. Por meio da educação, ele apoderou-se dos comandos de um veículo que se supõe capaz de guiar para a di-

---

3 A educação tem como finalidade o desenho da pessoa global na mesma medida em que a biologia genética contemporânea pretende traçar seus contornos anátomo-fisiológicos futuros. As duas problemáticas são paralelas: ambas propõem a questão do homem como criador de si mesmo.
4 Rochedo do qual eram precipitados os culpados de alta traição, em Roma. Situava-se no Monte Capitolino, onde se erguia o Capitólio. (N.T.)

reção que julga boa. Ora, a história das civilizações revela, ao mesmo tempo, conquistas libertadoras e genocídios suicidas, belezas criadoras e fealdades infernais. Esse quadro não permite confiar serenamente na escolha que a humanidade presente faz do homem de amanhã. A educação formal nos põe num campo em que se expressam, simultaneamente, a esperança na sobrevivência salvadora do homem e a angústia por seu desaparecimento como tal.

A confiança na escolha que o homem fará do homem é um pressuposto inevitável da educação formal. Educar exige colocar a humanidade como obreira da felicidade. O educador está condenado a esperar que os agentes decisórios da ordem humana não tornem vã sua ação.

SUPÕE-SE POSITIVA A IMAGEM DO HOMEM QUE VAI SER FORMADO

No plano dos objetivos, a noção de educação exige a superação do estado presente do educando em direção a um estado ulterior considerado preferível pelo educador e, às vezes, também pelo educando. Por essa preferência, o ato de educar supõe que se tenha em vista um objetivo futuro cujo sentido e cujo valor são apreciados em relação a uma finalidade. O objetivo está ligado à realidade educacional; é uma situação potencial, que o ato de educar vai realizar ou tentar realizar. A finalidade, porém, está ligada a um valor, a uma norma em relação à qual o objetivo é ou não considerado válido. Uma estrutura educacional pode fixar o objetivo de conduzir os jovens até certo nível escolar porque tem como finalidade a realização de certo tipo humano no qual a cultura escolar tem certa importância. A finalidade é a utopia necessária e permanente da educação.

Evidentemente essa necessária implicação, no ato de educar, de superar o presente rumo a um objetivo que comporte uma finalidade tem a unanimidade dos pensadores da educação. Para Platão, ensina-se para que o aluno se torne melhor. Protágoras, o mestre, declara a seu discípulo Hipócrates: "Se freqüentares minha sociedade, sucederá que, no dia em que nela ingressares, voltarás melhorado para casa ... Poderás ir-te transformado em alguém melhor, e desse modo a cada dia irás progredindo ... (*Protágoras*, 318*a*, *d*)". Em época bem mais próxima de nós a afirmação de que é inevitável ter em vista uma finalidade em todo processo educacional é ressaltada por O. Reboul (1992, p.32), num de seus últimos textos: "O postulado de toda educação é que, em algum lugar, há uma pérola de alto preço, ou melhor, 'sem preço', pela qual é preciso e 'vale a pena' dedicar tempo e esforços, em suma, dedicarmo-nos por inteiro".[5] Mas em que se funda esse valor? Em torno de nós, os sistemas educacionais referem-se a normas de ordem teológica, política, "humanistas", estéticas etc. O que nos ajuda a distinguir, em termos de valor, o homem de Deus, o homem de partido, o homem do êxtase ou o homem, simplesmente?

Além da esperança de que um dia a humanidade seja capaz de conduzir o educando para um objetivo válido, o ato de educar afirma, assim, a legitimidade de um valor: supõe que o estado em que ajuda o educando a emergir é preferível ao seu estado atual. É esse valor que, por ora, consideramos um dos pressupostos inevitáveis e não fundamentados em questão de educação.

SUPÕE-SE QUE A PESSOA HUMANA SEJA PERFECTÍVEL

No plano teórico, a educação repousa em pressupostos atinentes à confiança na humanidade e ao valor de suas finalidades. Há outros, referentes à pessoa do educando: por um lado, sua perfectibilidade; por outro, sua capacidade de autonomia.

O ato de educar presume, no educador, capacidade para educar e, no educando, aptidão para receber a educação; em outras palavras, sua educabilidade ou perfectibilidade. Foi essencialmente Rousseau (1964a) que formulou como princípio de sua reflexão educacional dois caracteres da pessoa original: por um lado, ela é evolutiva, possui a potencialidade de tornar-se diferente do que é; por outro lado, essa evolução pode ser positiva, e o novo estado demonstra ser melhor que o estado anterior. A perfectibilidade não afirma apenas a essência evolu-

---

5 Ver também Ph. Meirieu, 1991.

tiva da pessoa; afirma também o valor positivo possível dessa evolução. A evolução do homem pode fazer-se progressão, tanto quanto regressão. Em Rousseau, a criança, boa ao nascer, e o bom selvagem hipotético das primeiras sociedades são desprovidos de razão e incapacitados para a liberdade. No entanto, contêm em si a potencialidade do adulto-cidadão racional e livre de uma sociedade ideal. O que se afirma como perfectibilidade do homem é o "poder fazer melhor".

O mesmo otimismo se encontra em Kant, para quem no homem, ao nascer, coexistem uma animalidade real e uma humanidade potencial. É a perfectibilidade como possibilidade de superar a primeira em direção à segunda que dá sentido à educação. A distância que separa a animalidade da humanidade fundamenta o valor e explica o processo da perfectibilidade.

Essa idéia de perfectibilidade não é um acidente do pensamento ocidental. Ela será ilustrada por todos os movimentos emancipadores do homem, em particular pelos pensadores europeus do século XVIII. Condorcet (1988) reafirma, depois de Rousseau, que todo indivíduo tem o poder de superar-se, de tornar-se outro, e que esse outro é moralmente preferível a seu estado presente. Por sua vez, o filósofo inglês William Godwin (1946), mais ou menos na mesma época, acrescenta um caráter perpétuo a essa abordagem da perfectibilidade: não só todo indivíduo pode aspirar a um estado diferente e melhor do que o seu atual como também essa transformação é possível em qual- quer instante da vida. Todo indivíduo, seja qual for seu estado social, mental e moral presente, pode elevar-se para um estado social, mental e moral mais perfeito.

A noção de perfectibilidade inerente ao ato de educar comporta, pois, dois atributos: por um lado, a evolutividade da pessoa como portadora de possíveis; de outro, a positividade realizável desses possíveis apreciada relativamente a certa norma do bem. Em que fundamento experimental e/ou lógico pode basear-se a afirmação desses dois atributos? Com que grau de convicção o educador pode afirmar que o educando que lhe é confiado pode evoluir e, ademais, que pode fazê-lo em sentido social e moralmente desejável? O problema da perfectibilidade, nesse caso, é a contrapartida do problema teológico da redenção. O que permite afirmar que minha redenção é possível? Não seria concebível afirmar – e porventura já não o foi? – que não há nenhuma redenção possível, e que nossa predestinação moral – e educacional – é total? Do mesmo modo, o que nos permite afirmar que, por mais pernicioso que seja o comportamento de uma criança, ela pode transformar-se no sentido de uma moralidade autêntica? Sua natureza – determinações genéticas, ambientais ou individuais – será porventura, em princípio e definitivamente, um fator determinante de seus comportamentos? Haverá perfectibilidade salutar ou inatismo predestinador?

Certo dia, numa estação de Viena, na Áustria, em plena época de emergência do nazismo, Saint-Exupéry, vendo um comboio de crianças judias com destino aos campos da morte, escreveu em seu bloco de jornalista: "... e dizer que, entre essas crianças, estarão assassinando um Mozart!". Com isso, Saint-Exupéry exprime em termos trágicos que uma criança é, antes de mais nada, uma mina de possíveis que poderiam brotar, dadas certas condições, em mil realizações positivas. Mas, afora a generosidade da afirmação, em que poderia ele basear sua convicção na existência e na positividade desses possíveis? A confiança que ele depositava naquelas crianças e, afinal de contas, no homem em geral não terá sido um dado irrefletido de sua atitude?

A existência da perfectibilidade, como afirmação de que no homem há um possível positivo, na verdade não pode fundar-se em nenhuma prova experimental. A experiência do mundo supõe a presença do objeto experimentado. Ora, o possível é o grau da realidade em que só se pode afirmar a presença de uma ausência. Afirmar que uma coisa é possível é ter a experiência de sua ausência presente. Sua presença, para ser real, está por vir e escapa, por isso, a qualquer experimentação. Por esse motivo é que Ernst Bloch (1981) escreve que o mundo é um processo eternamente inacabado de matéria plena de potencialidades dialéticas. A prova experimental de um possível só pode proceder da abordagem proposta por Henri Bergson (1970, *Le possible et le réel*), ao ironizar o possível que se induz necessariamente da existência: se um objeto existe é porque foi, previamente, possível. Trata-se então de um possível *a fortiori*. Estamos, escreve Bergson, diante da "miragem do presente no passado" (p.111): o existente presente induz sua possibilidade passada. Esse possível não nos faz penetrar no futuro do ser. Não é o olhar dirigido para um ser ulterior. Ele não é verificável: é o produto de uma indução estéril.

Não se pode, aliás, atribuir fundamento experimental à positividade do possível suposta na noção de perfectibilidade. Essa positividade não é um ser, mas um valor. O valor – quando não é valor de uso – não se verifica, vivencia-se. É constatado e apreciado em relação a uma norma proposta como fundamento infundado de uma situação ou de um comportamento. Voltaremos a isso.

A perfectibilidade como afirmação de um possível positivo poderá, por outro lado, basear-se em justificação lógica, na falta de prova experimental?

As análises da noção de possível não são raras no pensamento filosófico ocidental. Aristóteles (1964, Θ3, 1019a 30, 1046b 31; 1969, 13) nota a respeito, que o possível é "o que não é necessariamente falso". Correlativamente, afirma que "o impossível é aquilo cujo contrário é necessariamente verdadeiro". A dificuldade de fundamentar logicamente a noção de possível resolve-se, assim, numa abordagem negativa: sabe-se o que não é, mas não se pode dizer o que é.

Para Espinosa (1962, *Ética*, I, Prop. XXXIII, Sc. I), possível equivale a contingente, ao que pode ser ou não ser. O mundo necessário, que outro não é senão Deus mesmo, não pode apresentar tal contingência. "Nada existe nas coisas pelo que elas possam ser chamadas de contingentes", escreve ele. O possível não existe: sua afirmação é apenas produto da ignorância humana.

Finalmente, para Kant (1943), "o que se ajusta às condições formais da experiência (quanto à intuição e aos conceitos) é possível". Assim, para ele, o possível não tem realidade objetiva alguma. O que ele considera não é um objeto possível, mas as condições que tornam possível a apreensão do mundo pelo homem: é-nos possível conhecer um objeto quando ele é compatível com as formas *a priori* de nossa sensibilidade – em se tratando de conhecimento sensível – e quando ele não contradiz nossas categorias – em se tratando do entendimento. Do mundo exterior, nada podemos afirmar: possibilidade, realidade, necessidade, contingência são categorias do sujeito, não do objeto. Logo, o possível, portanto a perfectibilidade, no plano teórico é negado ou relegado ao nível da subjetividade. Sua demonstração como realidade objetiva escapa a qualquer investigação.

Assim, a perfectibilidade do educando, necessária à educação considerada em sua essência e em sua existência, não tem fundamento experimental nem lógico enquanto reconhecimento de possíveis positivos nele. A perfectibilidade, pedra angular do processo educacional, revela-se então um pressuposto que, aparentemente, não tem fundamento. O edifício educacional seria então, por esse fato, inteiramente questionável?

SUPÕE-SE QUE A PESSOA HUMANA ESTEJA CAPACITADA PARA A LIBERDADE

No plano pessoal, além da perfectibilidade, a segunda pedra angular da educação reside na capacidade do educando de agir livremente. Para que a educação não seja adestramento, no processo educativo, como passagem do educando de um estado para outro, deve intervir a sua iniciativa pessoal. A verdadeira educação – como gostava de dizer Maurice Debesse – é aquela em que o educador ajuda o educando a criar-se. Também para O. Reboul (1989, p.22), "educar não é fabricar adultos de acordo com um modelo, mas libertar cada homem daquilo que o impede de ser ele mesmo, permitir-lhe realizar-se segundo seu 'gênio' singular". A afirmação dessa capacidade de iniciativa no educando, desse poder de participar de sua própria formação, teria porventura como fundamento alguma constatação lógica e/ou experimental ou deverá ser também pressuposta como *a priori* pelo ato de educar?

Aqui definimos o conceito de liberdade em referência à análise que dela faz G. W. Friedrich Hegel (1992, *Propedêutica filosófica*, 2º curso, I, 2º grau, B, §35-37), para quem ela é a "igualdade consigo mesmo na alteridade". Sou livre quando me igualo a esse ser diferente de mim que é produto de minha pessoa global, quando me reconheço inteiramente em meu comportamento, meus atos, minha criação. Assim, posso reconhecer-me num pensamento livre quando adiro a ele plenamente, numa decisão proveniente da escolha de meu ser total ou num objeto criado ou num ato realizado que refletiria ao mesmo tempo meus conceitos e meus afetos. Em cada um desses casos, meu pensamento, minha decisão ou minha ação, como produtos de minha pessoa, são vividos como iguais a mim. Exprimem minha liberdade de pensar, decidir ou agir.

Que realidade pode ser atribuída a essa liberdade, em particular, quando ela se refere ao educando que, como tal – já vimos acima –, deve necessariamente participar livremente de sua própria formação?

Em primeiro lugar, convém concordar com Kant em sua afirmação de liberdade indefinível porquanto situada no mundo numenal. Seu célebre "deves, logo podes" afirma a necessidade lógica da liberdade como fundamento da moral – ou da educação – sem fundamentar sua existência fenomênica nem desenhar seus contornos. Vivemos (às vezes) um sentimento (talvez ilusório) de liberdade cuja noção não se deixa encerrar nos esquemas de nossa racionalidade. É da alçada do mundo do vivencial, ou do inconcebível numenal, mas nunca, em Kant, do mundo da racionalidade fenomênica.

No entanto, mesmo no plano do vivencial, a liberdade não é claramente apreensível. Viver a liberdade, realizar um ato livre é "descer" dos nimbos do pensamento livre ou da liberdade pensada para penetrar nos meandros humanos sempre marcados pelas determinações físico-biossociais. Foi Simone de Beauvoir (1947) que desse modo ressaltou a ambigüidade dessa liberdade que às vezes pode ser pensada em sua realidade como projeto, mas que, para ganhar sentido, precisa incorporar-se num ato, num contexto limitado pelo aqui e agora que contém em si todos os ônus, todas as necessidades do mundo material e social.

Por sua vez, Jean-Claude Filloux (in Gaudemar, Cardi & Plantier, 1993) lembra que Durkheim notou a mesma ambigüidade com referência à educação moral, que vacila entre o espírito de autonomia e de liberdade, portador de não-racionalidade entrópica, que se tenta fazer nascer no educando, e o inevitável espírito de disciplina e integração ao grupo, que, por sua vez, exige uma racionalidade neguentrópica. Parece, portanto, bem difícil pretender a existência de uma vivência da liberdade sem nada sacrificar às determinações necessárias da existência humana.

Finalmente, como nota Kant (1947), a liberdade pode não ser desejada pelo próprio educando. "A preguiça e a negligência", escreve ele, "são as causas que explicam por que um grande número de homens, há muito liberados da direção alheia pela natureza ... continuam sendo mineradores voluntariamente e por toda a vida, e por que a outros é tão fácil colocar-se na posição de tutores dos primeiros. É tão fácil ser minerador! Se tenho um livro que faça as vezes do meu entendimento, um diretor que faça as vezes da minha consciência, um médico que decida por mim o meu regime etc., não tenho a menor necessidade de dar-me ao trabalho de fazer tudo isso."

Façamos uma retrospectiva. No plano fundamental, a análise do conceito de educação – na acepção formal do termo –, antes mesmo de ser posto em prática, pressupõe no educador:

- a afirmação confiante de uma humanidade capaz de optar pela direção positiva de sua evolução;
- a afirmação do valor da finalidade de sua ação, a saber, o perfil do homem cuja emergência no educando é seu desejo;
- a afirmação da perfectibilidade do educando, seja qual for seu nível atual, nos planos comportamental e cognitivo;
- a afirmação da capacidade do educando de participar livremente de seu próprio processo educacional.

Ora, nem essa perfectibilidade nem essa liberdade podem ser fundamentadas por prova experimental ou justificação teórica necessárias. Perfectibilidade e liberdade só podem ser, conseqüentemente, pressupostos da ação educacional.

Poderão esses pressupostos, então, levar o educador a um grau de convicção capaz de provocar nele uma ação educacional plenamente consciente de si mesma? Por ora, somos forçados a reconhecer que a pergunta não pode ser evitada.

PRESSUPOSTOS INSTRUMENTAIS

Já vimos acima em que medida a análise do conceito de educação revela, em seu fundamento, pressupostos inevitáveis. Agora, a questão é procurar saber se a sua prática não se dá em nome de outros pressupostos sem os quais ela não seria concebível nem possível.

Circunscrevemos nosso estudo ao campo escolar, mas com bastante freqüência nossas constatações serão passíveis de generalização para outros setores da educação formal.

Constatamos a existência de três tipos de pressupostos da ação educacional no setor escolar: os comuns ao mestre e ao(s) aluno(s), os próprios do aluno e os próprios do mestre.

Mestre e aluno devem pressupor, por um lado, que a ação educacional não seja "conversa fiada", coisa a reboque dos outros determinantes do educando, e, por outro lado, que as finalidades, os objetivos, as estruturas, os conteúdos e os métodos dessa ação fundamentam-se na razão.

O aluno, por sua vez, deve pressupor que o mestre possui capacidade para ensinar e vontade de fazê-lo.

Por fim, o mestre deve pressupor que sua mensagem, necessariamente coletiva em nossas atuais estruturas escolares, chegará até cada aluno-indivíduo, que este será capaz de adequar-se com motivação a essa mensagem, que nele as competências adquiridas podem tornar-se aptidões duradouras, que o ato de educar não é manipulação, enfim, que a virtude pode ser ensinada.

SUPÕE-SE QUE A EDUCAÇÃO NÃO SEJA "CONVERSA FIADA"

Mestre e aluno(s) devem pressupor que a educação formal, a ministrada voluntariamente por educadores proficientes, não seja "conversa fiada" na formação do homem. Sua existência pressupõe que tenha alguma utilidade o fato de um mestre e seus alunos se encontrarem numa sala de aula... ou em qualquer outro lugar, e que disso saia alguma coisa no plano educacional. Já tivemos ocasião de destacar esse problema.[6] De fato, pode-se indagar qual a importância ou mesmo a realidade das marcas que essa educação formal acrescenta, no educando, aos efeitos de sua hereditariedade biológica, por um lado, de sua cultura passada, por outro, e finalmente de sua educação informal. A educação formal não desempenharia o papel dos placebos da farmacopéia contemporânea?[7] Poderemos por acaso estar convencidos de que, sem a educação formal, um indivíduo apresentaria uma personalidade diferente da atual? Convicção, parece, impossível e inconcebível, pois exige a comparação de dois comportamentos: o nascido da pessoa real como produto de sua educação formal, de sua hereditariedade, de seu passado, de seu ambiente presente e de seus dados pessoais, e o comportamento – irrealizável – dessa mesma pessoa submetida apenas à educação formal.

A efetividade da ação educacional formal não será, portanto, um dos pressupostos que caberia fundamentar para torná-lo fidedigno? A ação do educador não seria, porventura, se não pura conversa fiada, pelo menos um epifenômeno sem grande importância do processo de formação do homem? O. Reboul (1989, p.62) não está longe de assim pensar quando escreve que, se o essencial da educação está no crescimento do indivíduo, "convirá contentar-se em semear e irrigar, deixando para Deus, para a natureza, em todo caso para o desconhecido, o cuidado com o essencial?". Afirmar a efetividade da educação formal não será expressão de nosso orgulho prometéico, que nos impele a ver a assinatura do homem onde só estariam autorizadas as da genética e do ambiente? O educador seria um falsário usurpador?

De qualquer modo, a efetividade da educação formal por ora só pode ser pressuposta como fundamento não fundamentado do ato de educar.

---

6 Ver H. Hannoun, 1995.
7 Aqui falamos da educação como intervenção do educador na evolução da pessoa global do educando, e não de instrução como transmissão de conteúdos factuais e/ou nocionais do professor ao aluno.

SUPÕE-SE QUE A FINALIDADE DA EDUCAÇÃO SEJA FUNDAMENTADA

Finalidades, objetivos, estruturas, conteúdos e métodos da educação, ainda que nem sempre claramente vivenciados pelos parceiros do processo educacional escolar, pelo menos têm por base suas ações e reações. No entanto, mesmo quando conscientemente elaborados, sua existência não fundamenta necessariamente seu valor. Este, também nesse caso, é pressuposto.

No plano das finalidades, tomemos como exemplo a escola ocidental contemporânea, que sempre se enquadra em ideologias precisas. Ela se fundamenta – ou foi fundamentada –, às vezes, numa ideologia religiosa para a qual é necessária a formação de um indivíduo preparado para viver numa estrutura cujo sentido é revelado por uma mensagem divina. Em outros contextos, em nosso século XX, a ideologia da escola foi a do nazismo, no III Reich alemão, ou a do fascismo italiano de meados do século, cuja proposta era formar um indivíduo condicionado a submeter-se às regras de um *führer* ou de um *duce* no culto da primazia da força sobre o direito. Durante setenta anos mais ou menos, em grande parte da Europa, as finalidades da educação foram elaboradas no âmbito do marxismo-leninismo da maneira como este foi vivido a leste do ex-Muro de Berlim, onde o indivíduo era preparado para integrar-se nas normas de um partido, fundadas na rejeição à sociedade de classes. Na França, a era de Jules Ferry inaugurou a ideologia do positivismo republicano fundado no laicismo, no respeito pela ciência, na tolerância e na confiança no progresso social e humano.[8] Finalmente, a ideologia mais presente em nossa sociedade ocidental atual é a do liberalismo, fundada na busca de rentabilidade com vistas à formação de um indivíduo mais apto a *ter* do que a *ser*, a possuir bens – materiais e/ou intelectuais – do que a construir sua pessoa.

Cada uma dessas finalidades comporta, em maior ou menor grau, falhas, insuficiências, até mesmo afirmações insustentáveis. Nosso atual sistema liberal não escapa a isso, ao desejar formar um indivíduo ajustado economicamente a um ambiente em

---

8 Ver, a respeito, L. Legrand, 1988.

crise, portanto mais ou menos reduzido ao rótulo de produtor-consumidor. Ora, com essa redução, "o homem seria subjugado à máquina econômica, seria transformado em instrumento do instrumento", afirma com razão O. Reboul (1989, p.106). Poderíamos nós, por conseguinte, estar realmente convencidos do valor de nossa ação educacional presente?

Essas falhas e a própria pluralidade das finalidades possíveis da escola suscitam o problema do valor destas. Voltaremos a nos deter nesse aspecto da questão, mas desde já, no plano do vivencial, pode-se reconhecer que na maioria das vezes esse valor é mais suposto do que claramente concebido pelos parceiros do processo escolar.

SUPÕE-SE QUE AS ESTRUTURAS ESCOLARES SEJAM ADEQUADAS

No plano das estruturas escolares, os pressupostos do ato de educar tampouco são raros. É conhecida a análise sem contemplação que Michel Foucault faz a respeito (1975, III parte, Disciplina). Para ele, o espaço escolar é uma máquina de aprender, mas também de vigiar, hierarquizar, recompensar. As sanções escolares e os exames são expressões do par fundamental poder-saber, cujos comandos estão nas mãos do mestre, visto que o exame combina a técnica da hierarquia que vigia com a da sanção que normaliza. Para além da estrutura, o que desponta é um tipo de homem submisso; e, de novo, o que está no centro do cenário educacional são as finalidades. É o que nota, por sua vez, Louis Legrand (1988, p.62), ao constatar que, "em matéria de ensino, a dialética centralização-descentralização tem importância considerável porque ligada a concepções muito diferentes de educação e de valores que ela põe em ação". Com efeito, se uma estrutura centralizada favorece certo elitismo, até mesmo um apelo ao mérito individual, uma estrutura descentralizada incentiva o reconhecimento da diversidade e a abertura para o outro. A primeira lança as bases do "eu próprio"; a segunda tenta construir um "nós outros". Finalidade individualista da educação, num caso; finalidade com dimensão grupal, no outro.

Esses significados estruturais estarão sempre presentes no espírito do mestre e, principalmente, no do aluno, por mais críticos que eles sejam? E o mais grave: os valores que lhes são subjacentes – indivíduo ou grupo – serão fundamentalmente justificáveis? Veremos adiante a dificuldade disso, se não a impossibilidade. Por enquanto, convenhamos em que o valor das estruturas escolares é na maioria das vezes pressuposto, e não claramente fundamentado.

SUPÕE-SE QUE OS CONTEÚDOS ESCOLARES SEJAM CIENTIFICAMENTE DETERMINADOS

Os fundamentos dos conteúdos escolares são, também, mais pressupostos que fundados na razão pelo mestre e, *a fortiori*, pelos alunos. Esses pressupostos têm diferentes aspectos. Em primeiro lugar, é apenas suposto o seu valor como ferramenta de adaptação tanto da criança ao seu mundo atual como do adulto que ela será ao mundo de amanhã. A educação arrisca um salto perigoso no tempo quando se pretende formação presente para uma adaptação a um ambiente futuro. Estamos numa situação de visão prospectiva inevitável. Mas os estudos da matéria mostram que esta nem sempre pode atingir um grau de certeza suficiente no que se refere à previsão exata das necessidades ulteriores de um grupo. Sabe-se, por exemplo, que o tipo de trabalhador que se forma em dado contexto social é facilmente posto em xeque por uma crise econômica ou pela necessidade de uma nova divisão do trabalho em razão de transformações sociais.

Valor suposto, portanto, da perenidade dos conteúdos escolares. Do mesmo modo, supõe-se que o valor destes seja exclusivamente científico. Serão eles unicamente escolhidos em razão de seu valor formador nos planos intelectual e moral? Não intervirão outros fatores nessa escolha? Os trabalhos atuais de sociologia escolar na maioria das vezes contrariam a apreciação feita por Alain sobre a matéria. Para ele (1970, *Considerações* [1932], p.70), "o ensino ministrado nas escolas nunca transmite mais que uma parte ínfima da experiência humana acumulada ao longo das eras... Essa seletividade atua em favor de uma decantação e de uma cristalização: só perdura, enriquecendo o tesouro comum, aquilo que as gerações produziram de mais original, mais forte ou mais incontestável, que a escola tem precisamente o papel de identificar, consagrar e transmitir em paciente e perpétua 'comemoração'". Esse quadro ideal não parece resistir à observação dos fatos. A escola "comemora", é verdade, a cultura passada, mas essa comemoração é seletiva porquanto transmite os conflitos de seu ambiente, a saber, ao mesmo tempo os conteúdos que contribuem para fortalecer o poder político-econômico estabelecido e os que expressam a contestação a esse poder. Nesse sentido, os conteúdos escolares não estão investidos da universalidade que Alain lhes atribui. São situados e datados. São produto de uma sociedade determinada que, por intermédio deles, é reprodutora de seus próprios valores e portadora de autocontestação. "Segundo as épocas, os contextos políticos, os conflitos de interesses e as relações de forças que se estabelecem entre os diversos grupos que procuram assumir o controle dos sistemas educativos, não são as mesmas coisas que se ensinam nas escolas", nota J.-C. Forquin (1991, p.17). E o critério de seleção dos conteúdos não é apenas o da perenidade filha da cientificidade; é também de ordem sociopolítica. "O modo como uma sociedade seleciona, classifica, distribui, transmite e avalia os saberes destinados ao ensino", ressalta no mesmo sentido Basil Bernstein (1975, p.263-300), "reflete a distribuição do poder em seu seio e a maneira como nela se dá o controle social dos comportamentos individuais".

Os conteúdos escolares apresentam a mesma relatividade das finalidades para as quais tendem. A escolha que deles se faz nem sempre se fundamenta apenas em seu valor intrínseco, mas também em considerações alheias a qualquer base científica. No plano lógico, esse valor, porquanto necessário e nem sempre cientificamente fundado, é pressuposto. Em certas condições de aprendizado, é preciso acreditar naquilo que é ensinado ou no que é aprendido. "Não há ensino nem autoridade pedagógica possíveis sem o reconhecimento, por parte dos educandos, da legitimidade, da validade ou do valor próprio da coisa ensinada", escreve J.-C. Forquin (1991, p.15). "Mas, evidentemente, é preciso antes que esse também seja o sentimento de quem ensina ...

Todo ensino se efetua, assim, a partir da pressuposição de seu próprio valor. Nesse caso, pode-se falar em crença ou fé."[9] Nesse sentido, todo aquele que ensina é um crente: ele sabe o que ensina, mas, além disso, precisa acreditar no que ensina.

SUPÕE-SE QUE A AVALIAÇÃO ESCOLAR SEJA OBJETIVA

Há, portanto, relativização e pressuposição da efetividade e do valor das finalidades, das estruturas e dos conteúdos da educação escolar. A prática da avaliação em geral – e a praticada na escola em particular – não foge a essa relativização. O problema por certo não é novo. "O que é piedoso é amado pelos deuses porque é piedoso, ou será que é piedoso por ser amado pelos deuses?", perguntava já Platão (*Eutífron*, 10a). A essa pergunta nem educador nem educando podem realmente responder. Cada um deles é *de facto* obrigado a pressupor, com autenticidade ou não, que a avaliação de um pelo outro é "objetiva". De qualquer modo, cada um deles – e essencialmente o aluno – age como se assim fosse. Para além da cientificidade de seus trabalhos, o edifício da avaliação escolar às vezes se enfeita com adornos arquiteturais cujas fundações nem sempre têm condições de atestar.

SUPÕE-SE QUE QUEM ENSINA SEJA CAPAZ DE ENSINAR

Também existem na vivência do educando – escolar, colegial, universitário – pensamentos e comportamentos pressupostos com maior ou menor grau de consciência e raramente questionados.

O primeiro e mais freqüente desses pressupostos é a convicção de que quem ensina possui real capacidade para ensinar e, em particular, os conhecimentos cuja transmissão dele se espera. Em plano geral, O. Reboul (1989, p.31) nota que a "função comum a todas as instituições consiste em inspirar certa confiança

---

9 Sobre a valoração dos conteúdos de ensino, ver também R. K. Elliott, 1974.

sem a qual a vida social seria simplesmente impossível... A presunção de confiança se dá no sentido de todos admitirem que os membros de uma instituição são capazes de assumir sua função específica,... e, se alguém declarar o contrário, caber-lhe-á o ônus da prova. Sem essa confiança presumida, não haveria vida social". Assim, pois, sem a confiança do aluno na capacidade do mestre, a vida escolar seria impossível. "Sua orientação é seguida mesmo que não seja compreendida, pois se reconhece sua competência (do professor), porque ele é uma 'autoridade' no assunto", acrescenta O. Reboul (ibidem, p.70). É nessa confiança *a priori*, nesse pressuposto cujos fundamentos nunca – ou raramente – se procura contestar, que repousa um dos mais importantes mal-entendidos da relação educacional, seja na escola primária, no colegial e na universidade. O mestre figura como modelo cujo eventual questionamento seria apavorante, pois a própria instituição educacional estaria sendo questionada. A existência da instituição escolar pressupõe o saber do mestre, saber que, por definição, o aluno não está em condições de verificar. A pressuposição, na maioria das vezes, é feita sem grandes riscos.

SUPÕE-SE QUE QUEM ENSINA TENHA VONTADE DE ENSINAR

Ao lado da capacidade de ensinar, a vivência do aluno apresenta também o pressuposto de que o mestre tem vontade de ensinar. Será que isso sempre acontece? Supondo-se que o mestre possa efetivamente ensinar, será que ele quer fazer isso? Admitindo-se de modo geral que, em certas condições, o saber pode ser fonte de poder, cabe considerar que a extensão do saber do mestre em relação ao dos alunos é uma das fontes de seu poder sobre eles. É (também) em razão desse saber que ele os julga, aprecia, avalia, recompensa e até pune etc. A esse respeito temos a análise da hierarquia escolar feita por M. Foucault, que mencionamos acima. Não poderá acontecer, nessas condições, que o mestre queira preservar esse poder reduzindo – de maneira mais ou menos consciente – a soma de saberes cuja transmissão dele se espera, sobretudo se seus alunos são adultos?

Como já ressaltamos alhures,[10] a educação assume todo seu sentido quando o educador constrói seu "suicídio pedagógico", quando, em conseqüência de sua própria ação, tiver construído sua própria inutilidade junto ao educando, ao facilitar sua autonomia. "O objetivo da educação", escreve a esse respeito O. Reboul (ibidem, p.77), "não é chegar a um estágio em que o educando nada mais teria que aprender ... é permitir que cada um aprenda sozinho, prescindindo do mestre, que vá da coerção à autocoerção, que se emancipe." O suicídio pedagógico do mestre e a autonomia do aluno são as duas facetas inseparáveis do ato educacional.[11]

Contudo, não é impensável que o mestre, com o objetivo mais ou menos confesso de salvaguardar seu poder magistral, não queira realmente "suicidar-se". Esse caso é possível. O aluno, como tal, porventura não é obrigado a ignorar isso, a fazer de conta que é real essa vontade de suicidar-se no mestre? Para dar sentido à sua situação de aluno, ele está na obrigação de pressupor a autenticidade do mestre em termos de querer (realmente) ensinar.

No âmbito do sistema escolar (da escola maternal à universidade), o aluno, para persistir em seu estado de aluno, deve pressupor no mestre as virtudes cognitivas e morais do ato de ensinar, ainda que, no mais das vezes, não esteja em condições de fundamentá-las.

SUPÕE-SE QUE A MENSAGEM COLETIVA ATINJA O ALUNO-INDIVÍDUO

O processo ensino-aprendizado reclama do mestre pressupostos relativos aos dois lados da aprendizagem: o da didática e

---

10 Ver H. Hannoun, 1995.
11 É evidente que o *suicídio pedagógico* do mestre não poderia significar seu desaparecimento real nem total do mundo do aluno. Sua imagem pode subsistir por muito tempo, como modelo assumido de comportamento. Há *suicídio pedagógico* quando o mestre desaparece como interveniente *direto* na ação ou mesmo no pensamento de um aluno passivo.

o da relação. Em sua classe, no plano didático, o professor transmite um conteúdo a um grupo discente supondo que seus componentes envidam o esforço indispensável para que os esquemas de sua própria pessoa consigam apreender a estrutura de uma mensagem dirigida a um grupo. Cada aluno deve, portanto, percorrer pessoalmente a distância que separa um conteúdo impessoal de sua própria habilidade ou saber pessoal. Aprender realmente é apropriar-se, tornar seu o que não o era de início. A recepção de uma informação heterogênea por parte do aluno reclama dele um duplo esforço: de acomodação a seus dados novos e de assimilação desses dados a suas próprias estruturas. Assim, é impossível distinguir o ato de aprender do ato de ensinar. Ambos são facetas inseparáveis de um único e mesmo ato em que transmissão – pelo mestre – e recepção – pelo aluno – são complementares, cada uma com sua quota de iniciativa e submissão ao outro. Ensinar – diz com justiça O. Reboul – "não é fazer saber, é fazer aprender ... Aprender é 'o ato comum' de quem aprende e do que é aprendido. Esse ato comum é que se deve encontrar" (1989, p.57 e 109). A atividade do aluno, seu esforço de acomodação–assimilação, é a condição *sine qua non* da recepção da mensagem. Esse esforço ocorre realmente? O mestre só pode esperá-lo, supô-lo. Poderá pôr em ação todo o seu talento pedagógico para levar o aluno a enveredar no caminho dessa apropriação acomodadora/assimiladora. Mas o ato da apropriação em si não depende mais dele: é da alçada apenas do aluno. "O verdadeiro educador faz de tudo para aperfeiçoar seus métodos, para torná-los mais eficazes, mesmo sabendo que o essencial está em outro lugar, no trabalho do próprio educando, trabalho imprevisível e oculto, que ninguém pode programar. E esse 'não-poder' da pedagogia ... decorre da própria natureza da educação" (O. Reboul, op. cit., p.63). Essa iniciativa insubstituível do aluno só pode ser suposta – e esperada – pelo mestre.

Por outro lado, e sempre no plano didático, O. Reboul fala do saber adaptado que o mestre propõe ao aluno: o saber escolar – diz ele (1989, p.40) – é um "saber adaptado, posto pela transposição didática ao alcance dos alunos ... É um saber depurado, simplificado". A mensagem escolar é transformada, às vezes deformada, para se ajustar à dimensão do aluno. Chega até a assumir o aspecto daquilo a que demos o nome de "mentira pedagógica",[12] única capaz de pôr a mensagem escolar realmente ao alcance do aluno. Nesses casos – mais numerosos do que podem parecer à primeira vista –, o mestre espera e pressupõe que o aluno venha a realizar a correção ulterior e indispensável da mensagem um tanto errônea por necessidade.

Enfim, o professor não só supõe que o aluno envida o esforço de construção e de correção da mensagem, mas deve também supor que a completará, que lhe dará continuidade. O. Reboul (1989, p.55-6) fala, a propósito, de "pedagogia do segredo": "O mestre 'motiva' não tanto expondo seus saberes, mas sim ocultando-os, mostrando aos discípulos que precisarão de muito tempo e esforço para atingir o segredo dos segredos ... Platão ... sugere que existe uma verdade transcendente ... sem jamais nos dizer o que ela é, deixando-nos o desejo de encontrá-la; põe-nos no caminho e lá nos deixa para sempre". Estar motivado para um saber ou para uma habilidade supõe a ignorância de pelo menos uma parte do assunto, ignorância às vezes esterilizante, é verdade, mas às vezes também motivadora. A pedagogia do segredo solicita ao mestre que preserve essa ignorância para respeitar o direito à descoberta pessoal no aluno. Mas essa atitude, por mais fecunda que seja no plano pedagógico, supõe que o aluno esteja apto para percorrer o caminho. Nova pressuposição inevitável do processo ensino-aprendizado.

SUPÕE-SE QUE A MOTIVAÇÃO DO ALUNO SEJA REAL

Pressuposição, também, da motivação que será o motor da acomodação do aluno no sentido da apreensão da mensagem. De fato, "quer se trate de matemática, línguas, história, ciências ou de qualquer outra disciplina, deve-se optar entre a aprendizagem autêntica da criança e do adolescente e a inculca magistral de saberes constituídos", escreve Louis Legrand (1988, p.108). Mas como irá o mestre discriminar a aprendizagem autêntica da

---
12 Ver H. Hannoun, 1989, p.125, e F. Halbwachs, 1975.

inculca magistral, a atividade provocada pelo desejo de aprender e aquela oriunda da coação? A aparência exterior dos fatos revela-lhe, de um lado, um aluno que aprende e, de um outro, uma ação magistral. Que indício lhe permite afirmar que a aprendizagem foi autêntica e que sua ação não foi a simples impregnação passageira de um espírito infantil? Como poderá ele discernir objetivamente no aluno o que é de fato correspondência a seu próprio desejo – no que consiste a autêntica motivação – e o que é submissão à autoridade, essa "parcela de inércia, gestos mecânicos, decoração etc." (O. Reboul, 1989, p.59) que constitui grande parte de seu comportamento de aluno? Como conseguirá distinguir no aluno o desejo fugaz, passageiro, caprichoso por uma atividade escolar e o interesse profundo por outra? "O que nos garante", pergunta O. Reboul com razão (1989, p.54), "que esse 'desejo' será realmente desejo de aprender aquilo de que o indivíduo teria realmente necessidade?" A realidade da motivação do aluno é, portanto, no mais das vezes, pressuposta pelo mestre.

SUPÕE-SE QUE A COMPETÊNCIA ADQUIRIDA SE TORNARÁ APTIDÃO

Finalmente, ainda no plano das aprendizagens, o mestre está na obrigação de supor que as competências com que ele consegue enriquecer o aluno se tornarão aptidões fundamentais. De fato, toda aquisição de saber ou de uma habilidade tem por efeito imediato uma competência particular e, muitas vezes, momentânea. O saber ler, o saber orientar-se no espaço, o saber utilizar uma máquina podem, por repetição imediata, criar no educando uma competência efetiva, porém efêmera. O objetivo pedagógico do mestre consiste em transformar essa competência parcelar e limitada no tempo em aptidão, ou seja, numa potencialidade estável para resolver o conjunto de problemas da classe da competência adquirida. A competência necessária para ler um texto em particular deve tornar-se aptidão para a leitura em geral. A competência para se orientar em dado espaço deve evolver para aptidão na utilização de uma carta geográfica etc. Se a aquisição da competência depende da ação pedagógica direta do mestre, sua transformação em aptidão mais durável e mais vasta depende ao mesmo tempo da maturação e da participação do próprio aluno. Essa participação, aqui também, é apenas esperada, suposta pelo mestre.[13] O processo, aqui, pede um salto no escuro, prenhe de implicações. Por um lado, a competência atual pode dar a ilusão de aptidão. Por outro lado, esse salto nos faz passar do mensurável, que dá segurança, para o não-mensurável, que causa angústia. A competência é aferida pelo exercício de revisão, pela repetição da aquisição... A aptidão, por sua vez, é um possível, uma aposta no futuro, que, como tal, escapa a qualquer experimentação, pelo menos de longo alento. As aquisições de saberes e de habilidades, na escola, são vivenciadas pelo mestre na esperança de que esse processo crie verdadeiras aptidões. Da esperança à pressuposição, o caminho não é muito longo.

No processo de aprendizagem, portanto, é fato que o mestre pode incentivar, facilitar a participação ativa do aluno – é nisso que consiste, essencialmente, sua arte pedagógica –, mas, seja qual for seu talento, no término de sua ação, ele deve supor que o aluno está motivado para construir, completar ou mesmo corrigir o conteúdo da mensagem escolar, e que a competência assim adquirida se tornará aptidão estruturante de sua pessoa.

---

13 O termo *competência* não é aqui empregado no sentido atribuído por O. Reboul (1989, p.58-9). Com ele designamos a aquisição de um saber ou de um saber fazer particular e provisório pelo aluno. Pode-se ser competente para vender uma marca de água sanitária, para fazer a tradução simultânea de uma língua ou para praticar salto em altura. Empregamos o termo *aptidão* para designar a potencialidade durável e geral para realizar uma classe de atividades que se expressam na forma de uma competência. Pode-se demonstrar certa competência para saltar em altura, vender uma marca de água sanitária ou conversar numa língua estrangeira sem possuir aptidão durável para a atividade esportiva, para a arte do *marketing* ou para a prática das línguas estrangeiras. A respeito dessas noções de competência e de aptidão, ver também J. Loutry, 1980, e R. Zazzo, M. Gilly, M. Verba-Rad, 1966.

SUPÕE-SE QUE A COMUNICAÇÃO INTERINDIVIDUAL SEJA POSSÍVEL E VÁLIDA

Em nosso tipo de civilização, a educação formal, em geral, e a educação escolar, em particular, supõem comunicação interindividual. O ato educacional implica a intervenção de um educador num processo de evolução de um educando, portanto a comunicação entre eles. Ora, existe uma abundante literatura[14] que revela com que freqüência esta é um engodo a mascarar a solidão individual. Estamos então diante de uma incompatibilidade: por um lado, a intervenção do educador junto ao educando supõe um encontro efetivo nos planos existencial, afetivo, mental, lingüístico etc.; por outro, esse encontro interindividual é contrariado por obstáculos reais tanto em nível pessoal global como no da linguagem. O caráter simultaneamente aleatório e necessário da comunicação nos obriga, pois, a fazer de sua realidade um pressuposto da educação.

De outro modo, a recomendação feita por Rousseau de conhecer a criança antes de pretender educá-la sem dúvida tem fundamento teórico. Mas o que é isso de fato? Conhecer meu aluno será apreendê-lo em todos os níveis de sua vida bioafetiva, psíquica, nervosa, mental, cognitiva, relacional, social etc.? É fácil perceber que esse tipo de conhecimento não é fundamentalmente exeqüível para um professor ... que com grande freqüência não está preparado para essas investigações. O conhecimento que ele tem de seu aluno só poderá ser aproximativo, ao passo que – repetimos – no plano teórico é uma condição *sine qua non* da ação educacional. Em tais condições, o professor baseia sua ação de educar num conhecimento aproximativo, portanto pressuposto de seus alunos, aprendidos tanto em nível grupal como individual.

---

14 A respeito das dificuldades da comunicação interindividual, ver, em particular: no plano pessoal: A. Comte, 1990, 1ª lição; M. Scheler, 1971; S. Freud, 1975; W. Dilthey, 1947; J. Piaget, 1970. No plano lingüístico: Platão (*Crátilo*, 435a-435c), Aristóteles, 1969; T. Hobbes,1971; D. Diderot, 1977, t.XII; R. Jakobson, 1973; E. Benveniste, 1966; J. Dewey, 1971; H. Bergson, 1967.

Também existe, explicitamente ou não, um contrato entre mestre e alunos que define seus respectivos papéis e funções no grupo-classe: o mestre ensina, os alunos aprendem; o mestre, como representante da estrutura institucional, fixa os objetivos e os conteúdos do ensino; os alunos – essencialmente os da escola primária e secundária – os recebem sem participar de seu planejamento etc. No entanto, a análise do contrato pedagógico assim vivenciado mostra que ele é um contrato "desonesto".[15] Um dos contratantes (o mestre) é, ao mesmo tempo, juiz e parte interessada. A realidade e a eficácia do contrato repousam, portanto, na ignorância pressuposta, por ambas as partes, do vício que põe em xeque a sua credibilidade.

SUPÕE-SE QUE A EDUCAÇÃO NÃO SEJA MANIPULAÇÃO

Finalmente, a abordagem relacional da aprendizagem não pode evitar a questão da possível manipulação do aluno. "Ensinar é fazer crer", constata J.-C. Forquin (1991, p.15). "Mas como não ver que nisso há uma ameaça permanente de manipulação e alienação?" No mesmo sentido, O. Reboul também chama a atenção para esse possível risco: "A doutrinação é a perversão da educação" (1989, p.80). Na verdade, na relação pedagógica o mestre – querendo ou não – é mais ou menos vivenciado pelo aluno como modelo (ou antimodelo) cognitivo e comportamental. Sua pressão – positiva ou negativa – sobre o educando não pode ser negada; quando levada ao extremo, este corre o risco de ser objeto de manipulação.[16] Se manipular um aluno é impor-lhe finalidades, objetivos, conteúdos e métodos de educação dos quais ele não participou, nosso ensino não será no mais das vezes – ou sempre? – manipulador? Ensinar – ou não – latim no colegial, falar – ou não – da Comuna de Paris nas aulas de his-

---

15 Ver J. Filloux, 1974.
16 A oposição sistemática do aluno a seu mestre também é fonte de possível dependência, já que seu comportamento é então manipulado pela rejeição a um modelo determinado, e não a outro. Há, assim, determinação heterogênea do aluno.

tória, expor – ou não – a história das religiões, atribuir – ou não – importância à educação estética são práticas que implicam tomadas de posição sobre valores filosóficos, políticos e educacionais. Não constituirão desde logo ocasiões para que o mestre manipule o aluno quanto suas próprias convicções? Ora, segundo Kant (1966, p.88), a única coação que o educador tem o direito de exercer sobre a criança é aquela que a conduz ao uso de sua própria liberdade. Ainda que a atitude do professor seja capaz[17] de reduzir a importância dessa manipulação possível do aluno, nem por isso esse risco deixa de existir, principalmente porque o aluno é jovem e/ou não crítico. Contudo, em todos os níveis de aprendizagem, o professor é forçado a agir como se esse risco não existisse. A não-manipulação do aluno é um dos principais pressupostos do professor em sua ação educacional.

SUPÕE-SE QUE A VIRTUDE POSSA SER ENSINADA

Há um último pressuposto do professor no qual desejamos insistir de modo especial, por caracterizar, talvez primordialmente, nossa civilização ocidental. Nesse campo, a ação do professor comporta uma parcela importante de discurso. Em nosso contexto sociocultural, a língua é um veículo imprescindível da mensagem escolar. Nossa pedagogia atual pressupõe sua eficiência; seu emprego bastaria para modificar uma atitude do aluno, para motivar uma ação etc. Para conseguir que um aluno adote certo comportamento, bastaria convencê-lo do valor deste por meio da linguagem. O conselho é pelo menos tão eficiente quanto o exemplo. Para retomar os termos de Platão, a virtude pode ser ensinada se o ensino tiver a palavra como instrumento, e se a virtude caracterizar um comportamento vivido (Mênon, 70a).

---

17 Sobre os riscos de manipulação e de doutrinação associados ao ato de ensinar, ver também Lawrence Kohlberg, 1966, e A. Lockwood, 1976. Outrossim, o caráter dificilmente evitável da manipulação no ato de ensinar desmente a possibilidade de "neutralidade" do professor em classe. Cf. a respeito S. E. Nordendo, 1978.

Já vimos[18] que, quanto a esse problema, há um confronto de duas orientações: a intelectualista, que afirma o primado do pensamento sobre o conjunto da pessoa, e segundo a qual o bem-pensar é motor do bem-agir, portanto a virtude pode ser ensinada, visto que seu conhecimento gera a sua prática; e a voluntarista, que tenta apreender a globalidade da pessoa, na qual o pensamento é, por certo, um fator importante, porém inseparável dos outros fatores bioafetivos e psicossociais. Para o voluntarismo, é preciso acrescentar uma dimensão suplementar à palavra para que ela se converta em motor do ato; portanto, o ensino apenas, como transmissão verbal, não basta para motivar um comportamento. Ninguém torna virtuoso um homem somente por fazê-lo conhecer a virtude.

Na escola de hoje, o meio primordial – mas não único – com que o mestre transmite sua mensagem ainda é, de fato, a linguagem. A transmissão dos saberes e das habilidades é feita por intermédio das palavras. Essa primazia atribuída pelos intelectualistas é concebível e mesmo desejável. Alain não estava muito distante dessa posição, no plano pedagógico. Mas, para a corrente voluntarista, as coisas não são bem assim. Uma experiência, um comportamento, uma norma moral, uma habilidade são realidades que, refletindo o conjunto da pessoa – conceitos e afetos –, não podem ser transmitidas apenas pelo discurso, que é capaz (às vezes!) de expressar somente o conceito. O. Reboul (1989, p.57) lembra a respeito a advertência de Louis Aragon: "A experiência não é transmissível; só o dogmatismo o é!". De fato, a ação da pessoa global não pode estar vinculada apenas a motivos intelectuais, uma vez que exprime essa mistura sincrética de pensamento e estremecimento que constitui a pessoa real. Ao lado dos motivos do pensamento, coexistem os móbeis da bioafetividade e do inconsciente. Se o *bios* é cego sem o *logos*, este é paralítico sem aquele. Assim, em relação ao comportamento, o discurso isoladamente não permite superar seu próprio nível, o do pensamento... e o das boas intenções. A educação que pretende participar da evolução do comportamento do educando não pode

---

18 Ver H. Hannoun, 1995, p.62-5.

reduzir-se à educação do juízo... O. Reboul (1992, p.153) nos adverte: "As discussões sobre os dilemas morais são mais apropriadas a formar hábeis advogados do que adultos autônomos". Devemos, pois, reconhecer na perspectiva voluntarista a necessidade de ruptura entre, por um lado, as deliberações verbais precedentes à ação e, por outro, a própria ação, uma vez que os conceitos e as palavras que as exprimem são insuficientes para provocá-la (voltaremos a isso adiante). Ora, apesar dessa constatação, em classe o mestre passa grande parte de seu tempo a falar, a transmitir a mensagem escolar por meio da linguagem, cuja eficácia ou mesmo cuja suficiência como instrumento dessa transmissão ele só pode pressupor.

O edifício da educação é construído sobre fundações cujo valor é suposto. Será que as ciências humanas contemporâneas nos fornecem meios de dar o passo que vai da pressuposição à convicção? Será possível atingir a total convicção quanto ao valor dos pressupostos fundamentais e dos pressupostos instrumentais?

CAPÍTULO II

CERTEZAS E INCERTEZAS DOS FUNDAMENTOS DA EDUCAÇÃO

Acabamos de perceber que, para serem concebíveis e possíveis, a reflexão e a ação educacionais pressupõem o real fundamento de afirmações referentes, por um lado, ao homem como humanidade e como pessoa, e, por outro, ao processo ensino–aprendizado. No plano fundamental, o conceito de educação só é aceitável se a humanidade for possível obreira da felicidade e se a imagem do homem por formar-se for moral e socialmente positiva, enfim, se a pessoa humana for perfectível e capaz de liberdade. No plano instrumental, no âmbito escolar, vimos que o processo ensino–aprendizado pressupõe sua própria eficiência e o valor positivo de suas finalidades, estruturas, conteúdos e métodos. Outrossim, supõe no professor a capacidade e a vontade de ensinar e no aluno – em sua dimensão individual – a presença de um esforço motivado de acomodação-assimilação da mensagem escolar coletiva, com a conseqüente transformação das competências adquiridas em aptidões duradouras. Implica, finalmente, que o ato de ensinar não seja manipulação do aluno e que a linguagem do mestre seja um instrumento suficiente para transformar seu comportamento.

Esses pressupostos têm fundamento? Será possível construir sobre eles o empreendimento educação? A questão é de grande urgência porquanto esse empreendimento é componente imprescindível de nossa sociedade contemporânea. A educação seria porventura, à imagem do célebre sonho do Daniel bíblico, uma estátua de bronze com pés de barro, um edifício com contornos freqüentemente esplêndidos, mas com fundações de areia? Para além das disputas metodológicas, do palavreado sobre conteúdos ou das discussões sobre os objetivos da educação, não será indispensável introduzir um questionamento filosófico sobre as finalidades como fundamentos vivenciados, é verdade, mas pressupostos porque não demonstrados?

A resposta a essa pergunta insere-se em duas perspectivas:

- Uma perspectiva subjetiva que consiste em apreciar no sujeito cognoscente – o educador, por exemplo – as possibilidades de atingir certo grau de convicção na sua apreensão dos fundamentos de sua reflexão e de sua ação. Será que os mecanismos da cognição nos dão armas suficientes para assentar essa convicção? Pareceu-nos que, nesse aspecto, a reflexão só pode desembocar num complexo inevitável de convicção e dúvida.
- Uma perspectiva objetiva que consiste em estudar a possibilidade dessa apreensão não mais no nível do sujeito, mas sim no das estruturas do objeto por conhecer. Será que o mundo por conhecer – mundo das coisas e mundo humano – se deixa encerrar nos esquemas de nosso pensamento? Já não é mais a questão de perguntar se temos armas – existenciais, psicológicas, mentais – para abordar, analisar e compreender uma situação educacional, mas se essa situação é realmente analisável. Já não é mais a questão de saber se o jardineiro sabe cultivar o jardim, mas sim se a terra do jardim é cultivável. Já não é mais a questão de perguntar se o cirurgião tem a competência necessária para realizar a cirurgia, mas de saber se o doente é operável. O mundo se deixa conhecer? Não existiria por acaso entre ele e o inquiridor uma heterogeneidade que tornaria ilusória sua apreensão como objeto de um conhecimento que nos leve à convicção?

A INEVITÁVEL PERPLEXIDADE DO DECIDIDOR

Em nossa época todos concordam em reconhecer que o indivíduo não é um graveto a balançar ao sabor das eventualidades físico-biossociais de cadeias causais cegas. Ele pode – pelo menos em parte – libertar-se dessas cadeias por meio da ruptura das causalidades que o determinam. Ele tem a possibilidade de decidir. "O sujeito, para tornar-se objeto de ciência", observa G.-G. Granger (1960), "deve ser pensado não só como ponto de intersecção de linhas de forças, mas também como centro de decisão." A iniciativa humana como poder de decisão e de ruptura de determinismos não parece ilusória. Mas isso significaria sua positividade? Em que valor se funda? Aqui a questão não é interrogar sobre o ato da decisão, mas sobre seu conteúdo. Que valor tem aquilo que decide o decididor: valor científico revelador de verdade, valor axiológico revelador do bem? Em matéria de educação, trata-se de procurar saber se pode ser concretizada a preocupação em fundamentar na razão e necessidade as finalidades, os objetivos, as estruturas, os conteúdos e os métodos da ação. Seria possível chegar a apreender e a justificar os pressupostos da educação com toda a clareza e com toda a convicção possíveis?

MÓBEIS E MOTIVOS DA DECISÃO

Quais são os mecanismos psicológicos que orientam um educador para certo comportamento no relacionamento com seus alunos, para certo conteúdo de sua formação, para certo modo de avaliação de seu trabalho etc.? Em termos mais gerais, que mecanismos são desencadeados em nós quando tomamos (o caráter quase agressivo desse verbo é significativo nesse caso) uma decisão?

A questão não é nova. Kant (1952) já discernia três fatores da decisão e da ação do homem: "O ato de querer", escreve ele (p.128), "é ainda claramente especificado pela diferença que há no tipo de injunção que eles – os fatores de decisão – exercem sobre a vontade. Ora, para tornar perceptível essa diferença ... não poderia ser mais apropriado designá-los em sua ordem do que dizendo: são ou *regras* de habilidade, ou *conselhos* de prudência, ou *mandamentos* (leis) da moralidade". As regras de habilidade nos regem quando decidimos sobre ações úteis da nossa vida prática. Trata-se das regras de rentabilidade tão generalizadas no contexto ocidental moderno. Os conselhos de prudência, na óptica kantiana, são os que nos permitem elaborar um projeto de vida em prazo mais longo que o da simples utilidade imediata, e construir assim uma felicidade duradoura. Os conselhos de prudência são dados pela abordagem eudemonista da vida moral. Finalmente, os mandamentos são as leis que, sem nenhuma preocupação utilitarista, impõem-nos basear nosso comportamento no respeito a certa idéia de homem, numa norma *a priori* de bem e mal. Se regras e conselhos têm como fundamento a busca de uma utilidade vivenciada, o mandamento, por sua vez, baseia-se no respeito a um valor concebido, do qual provém um imperativo categórico, portanto indiscutível. Para Kant (1952, p.135), o imperativo categórico deve ser considerado "sob a idéia de uma razão que teria pleno poder sobre todas as causas subjetivas de determinação".

A análise dos fatores da decisão em Max Weber não está, sob certos aspectos, muito distante da de Kant. Para Weber, podem intervir dois tipos de racionalidade nesse caso: a *Zweckrationalität* (do alemão *Zweck*: utilidade, objetivo por atingir) e *Wertrationalität* (do alemão *Wert*: valor, dignidade). A primeira justifica a decisão pela busca do prazer ou da utilidade ("porque isto me dá prazer", ou "porque preciso disto"); a segunda baseia a decisão no respeito a um valor ("porque isto vale a pena").

Tanto em Kant quanto em Weber, percebe-se a oposição de duas morais: a que baseia o comportamento no *ter* bens, considerados numa perspectiva *hedonista* (prazer) ou *econômica* (conforto), e a que o baseia em *ser* uma pessoa capaz de orientar-se tomando como referência um valor moral. Valho o que sou e não o que tenho.

Para G. R. Gallistel (1984), em nossa época a ação humana sofre dois tipos de determinismo. O primeiro é qualitativo. Desencadeia a decisão, o assentimento dado pelo indivíduo, o educador, por exemplo, para realizar um tipo de ação, um método de educação, um sistema de aprendizagem etc. O segundo é quantitativo. Desencadeia o próprio ato. Esses programas de ação, especifica G. R. Gallistel, são, ao mesmo tempo, independentes do indivíduo porque determinados por um genótipo e um ambiente que escapam à sua iniciativa, e dependentes dele porquanto entre os fatores do ato ele deve, também, contar seus motivos e móbeis, cuja iniciativa ele conserva. Os motivos são os argumentos, demonstrações, em suma, as justificações reflexivas – se não racionais – que o indivíduo enuncia para basear sua decisão. Os móbeis constituem o conjunto dos fatores bioafetivos conscientes e/ou inconscientes inseparáveis dessa reflexão.[1]

Das análises de Kant e Weber consideramos a distinção entre valor de utilidade, que nos encerra no mundo empírico, e valor moral, que nos abre o mundo do pensamento. Em certo sentido, as análises de Gallistel vão ao encontro dessa perspectiva, com a distinção dos móbeis e dos motivos. Para ele, toda decisão se refere ao mundo dos afetos e ao mundo dos conceitos. Uma decisão nunca é de puro espírito e não é exclusivamente afetiva, a não ser em casos paroxísticos ou mesmo patológicos. Pelos móbeis, nossos valores vinculam nossa ação à nossa vivência bioafetiva, que enraíza nossa pessoa no aqui e no agora da existência cotidiana. Pelos motivos, a possível adesão aos valores morais nos introduz no mundo das razões que permite um distanciamento da cotidianidade por meio da reflexão pessoal.

Poderá a convicção do educador encontrar-se no término do caminho conjunto de móbeis e motivos? Poderá o educador chegar à plena certeza? Poderá ele basear nuns e/ou noutros o valor teórico e a eficácia prática de sua ação?

O MÓBIL: UM SER, NÃO UM VALOR

Os móbeis, fatores de origem não-reflexiva da decisão e do ato, são, por um lado, as pulsões bioafetivas conscientes para a busca do prazer e, por outro – e em estreita ligação com estas –,

---

[1] Ver também a respeito a obra em que C. A. Hooker et al., 1978, expõem os pontos de vista de Bemouilli/Bayes, Wald e Simon sobre a origem da decisão.

todas as pulsões de origem inconsciente. Esses móbeis fundamentarão o valor do ato que impulsionam? O educador poderá, por exemplo, justificar a orientação de sua ação com certa "autenticidade", com o fato de ter sido a ela incitado por suas pulsões bioafetivas conscientes e/ou inconscientes?

A análise do prazer foi feita com freqüência no âmbito do pensamento ocidental ou oriental. A fruição hedonista costuma ser rejeitada por ambos[2] como possível fundamento do comportamento moral. Na verdade, o prazer é variável: o que hoje me é agradável amanhã pode não ser mais. É subjetivo: o que me dá prazer pode causar dor a outro. Outrossim, os prazeres muitas vezes são conflitantes. As análises da estrutura contraditória da afetividade são numerosas. Uma delas, em nossa época, chama a atenção por seu apelo à gênese da individualidade humana. Nanine Charbonnel (1987) lembra que o nascimento do indivíduo é uma ferida que o faz tornar-se outro que não o outro com quem, por algum tempo, ele esteve em simbiose quase total. Donde a necessidade de cura pela persistência hereditária desse outro nele, em quem vão opor-se os desejos de auto-afirmação e os desejos de retorno à simbiose passada como fator de cura. Essa situação conflituosa provoca na pessoa o nascimento dos desejos contraditórios, "desejo de apreensão da origem, desejo de originalidade", escreve N. Charbonnel (p.245), "desejo de religação à família, desejo de continuidade individual, todos esses desejos (ligados à famosa ferida) vertidos dos moldes da lógica do 'meio-termo' e daquele do contrapeso...".

Assim, o prazer proporcionado pela satisfação do desejo não pode fundamentar em valor o ato humano. O educador não pode justificar as finalidades de sua ação apenas com o prazer que sente em realizá-las ou com o prazer que proporcionaria ao educando, com exclusão de qualquer outro valor. "O prazer não se confunde com o bem ... e nem todo prazer é desejável", escreve Aristóteles (1965, X, cap.IV), que parece trazer-nos aqui um argumento es-

---

[2] Há algumas raras exceções a essa recusa do prazer no comportamento moral. Entre elas podem ser citadas: Eclesiastes (Koheleth) IX-9-10 e certos textos do pensamento grego pré-socrático, como os de Aristipo e dos cirenaicos, transcritos por Diógenes Laércio, 1965.

sencial. O prazer é um *ser*, não um *valor*.³ Explica o ato, não o justifica. Comportaria valor numa perspectiva naturalista da moralidade, para a qual o comportamento válido seria aquele cujo modelo nos fosse dado pela natureza, como ser e dever ser. Contudo, cumpre reconhecer, no presente momento, que as teses naturalistas estão sendo discutidas e se mostram discutíveis: é difícil identificar o que é com o que deve ser. ⁴

O inconsciente, o outro lado dos móbeis de nossa ação, seria portador de valor? Seria possível considerar, por exemplo, que um ato educacional proveniente da pessoa profunda, "autêntica" – e inconsciente –, de seu autor encontrasse valor nessa mesma autenticidade? Todo ato, seja qual for, é produzido por um sistema-pessoa, como escreve G. Lebret, ⁵ sistema no qual consciência e inconsciente coabitam em permanente interação. "Um indivíduo...", escreve S. Freud (1991c), "é um id psíquico, desconhecido e inconsciente, em cuja superfície está o ego que se desenvolveu a partir do sistema Pc – pré-consciente – como de um núcleo." Essa intervenção necessária do inconsciente como possível fator de autenticidade do ato garantirá seu valor?

A não ser que se situe numa perspectiva surrealista – cujo valor deveria, por sua vez, ser fundado –, o fundamento inconsciente de um comportamento (educacional ou outro) não constitui um valor. Assim como o prazer, o inconsciente é um *ser*, não um *valor*. Se o valor de um comportamento humano implica a liberdade de seu autor, o inconsciente, que por definição não depende da iniciativa individual, não pode ser portador de valor. Obviamente é um mecanismo importante do processo humano, mas não representa o seu dever-ser.

Outrossim, por definição, nossos mecanismos inconscientes não podem ser fatores de justificação, uma vez que se enquadram no mundo do não-dito, do inexprimível pela linguagem verbal. O inconsciente é o mundo que faz que nada no discurso

---

3 O argumento que refuta o prazer como fundamento do comportamento moral é, aqui, paralelo ao apresentado por J-J. Rousseau, 1964b, que recusa a força como critério da ação política preconizada na sociedade civil.
4 Ver, a respeito, H. Hannoun, 1995, p.73-101.
5 Ver G. Lebret, 1993.

seja sempre total, nem totalmente verdadeiro. Nenhuma questão referente ao homem é examinada por todos os seus lados porque a zona de sombra de seu inconsciente sempre se projeta sobre a questão formulada. Por trás do dito, ergue-se o não-dito inconsciente, a cuja pesada existência junta-se a incognoscibilidade. "Sob cada camada de sentido lexical consciente", escreve G. Steiner (1988, p.46), "jazem outras camadas de sentidos mais ou menos percebidos, confessados, visados. As impulsões da intencionalidade, da significação declarada e secreta, estendem-se desde a frágil superfície até as insondáveis estruturas noturnas profundas ou pré-estruturas do inconsciente. Nenhuma atribuição de sentido jamais é acabada, nenhuma seqüência de associações, nenhum campo de possível ressonância jamais é definitivamente cercado." O que o educador expressa como justificação de seu projeto educacional nunca é, portanto, apenas aquilo que ele quer conscientemente dizer, pois o que seu sistema-pessoa quer realmente dizer é determinado por aquilo que ele está condenado a não poder dizer. Essa instância não é um ser, mas uma ausência de ser, uma carência, como constata J. Lacan (1973) ao escrever que "o objeto da psicanálise não é o homem: é o que lhe falta – não falta absoluta, mas falta de um objeto ... Trata-se de uma falta que exclui a possibilidade de mencionar seu objeto. Não é o pão escasso, mas sim o bolo que certa rainha aconselhava a seu povo em tempos de fome".

Como então e em nome de que autenticidade esse inconsciente incognoscível e inexprimível estaria em condições de fundamentar em razão e necessidade o comportamento do educador? Este está condenado a ignorar essa parte de seu objeto – o homem – porque seu sentido está em não poder ser objeto de conhecimento.

Portanto, não é em móbeis bioafetivos conscientes e/ou inconscientes do ato que o educador fundamentará seu valor. Os motivos que lhe são dados pela reflexão poderão constituir esse fundamento?

O CLARO-ESCURO DOS MOTIVOS

Poderá o educador, no plano cognitivo, estar convencido do valor dos motivos de sua ação educacional? Sua reflexão, a exemplo da célebre dialética cartesiana, poderá redundar numa convicção vivenciada como ausência total de dúvida? Duas respostas podem ser dadas: uma decorrente da abordagem psicológica e psicossociológica da questão, outra da abordagem epistemológica e lógica. A primeira propõe-se fazer uma constatação assertórica do nível de convicção atingido pelos decididores humanos, em geral. Tenta revelar o que é. A segunda propõe-se fundamentar de modo apodíctico o valor dos raciocínios – premissas e estruturas – capazes de nos levar à convicção. Tenta mostrar o que não pode não ser.

No plano psicológico, o exercício da reflexão procede, desde logo, de uma vivência anterior. Pensa-se a partir daquilo que se pensou até então. O solo da reflexão nunca é uma "tábula rasa" do conhecimento. O educador, antes mesmo de refletir sobre as perspectivas de sua ação, já tem idéias claramente apreendidas ou confusamente vivenciadas, fundamentadas ou não, sobre a educação em geral, sobre o educando, sobre as estruturas institucionais de educação etc. Não escapa àquilo que Alain (*Histoire de mes pensées*, 1956-1970) chama de "opinião louca". Nossa reflexão, por mais vigilante que seja, é construída a partir de vestígios muitas vezes indeléveis de sua própria infância, durante a qual pensou, sonhou, imaginou, esperou, raciocinou, afirmou, estimou, de modo ordenado ou não... "Essa opinião louca é o que apenas conjectura, que considera tão-somente o verossímil. São as conversas das comadres, os boatos do mercado, as altercações, as invectivas, tudo o que se faz crer por meio do furor, da verve, da estridulação da voz. É o imenso fundo do pensamento humano ... Não é preciso ir longe: esse pensamento, se assim puder ser chamado, esse pensamento está em nós; esse pensamento é o começo de tudo ... É o cavado da onda em todos nós. Parece que ninguém escapa a essa loucura." A opinião louca é o inevitável húmus do pensamento.

Essa opinião louca já fora notada, bem antes de Alain, pelos pensadores desde a Antigüidade. Epicteto (1948, I, XXII, e II, XI) indica já essas prenoções, esses preconceitos espontâneos, gerais, de origem empírica, que formam o substrato da reflexão de cada um. Mais próximo de nós, F. Bacon (1852, 1859, V-IV, § 8-10, e V, V-3, reimpresso em 1986) popularizou a célebre imagem dos ídolos. Nosso pensamento comum, mais ou menos consciente, é estruturado, inicialmente, por estereótipos, opiniões e outras imagens mentais que nosso modo de vida deposita sub-repticiamente em nós. Há, de início, *idola tribus* (ídolos da tribo), próprios da reflexão humana em geral e que constituem a subjetividade de todos os nossos juízos. Depois há os *idola specus* (ídolos da caverna), que marcam nossas opiniões individuais geralmente oriundas de nossa educação e que constituem, muitas vezes, nossos preconceitos mais tenazes. Também existem os *idola fori* (ídolos do fórum), referentes aos abusos de linguagem que cometemos todos os dias. Finalmente, vêm os *idola theatri* (ídolos do teatro), que outros não são senão as teorias filosóficas através das quais Bacon visa essencialmente à escolástica aristotélica de seu tempo.

Dos *idola* à opinião louca, o leque é amplo e mostra que não pensamos o que queremos porque refletimos com base em evidências sobre as quais não refletimos porque as idolatramos. Nosso pensamento não é fiável porque pensamos a partir do que não pensamos.

Compreende-se pois que o ato de cognição que poderia e deveria fundamentar a ação educacional não é – ou é raramente – criação de uma perspectiva nova, porém, no mais das vezes, superação de um pensamento inicial que imbuiu o educador... mas cujo processo este nem sempre percorreu. Ora, refletir é superar o que – voluntariamente ou não – está em nossa atual concepção e cujo processo, justamente, devemos percorrer. Refletir é superar o dado. Dado do pensamento antigo em Descartes (Meditação, I, 1963): "Eu precisava empenhar-me seriamente uma vez na vida em me desfazer de todas as opiniões a que até então dera crédito, e começar tudo de novo, desde os fundamentos, se quisesse estabelecer algo de firme e constante nas ciências". Dado da experiência do real em G. Bachelard (1970), para quem, no que se refere às ciências da natureza, "o real nunca é aquilo em que se poderia crer, mas sempre aquilo que se deveria ter pensado". Dado da vivência social, no que se refere às ciências do homem, em E. Durkheim (1992b), para quem nossa reflexão individual está sempre inserida em representações coletivas que se nos impõem, à nossa revelia, e cuja verdade, porém, ainda precisa ser demonstrada.

Para pensar seriamente o porquê e o como de sua ação, nosso educador deverá, portanto, num primeiro momento, assumir uma espécie de ingenuidade original, fazer como se sua mente estivesse vazia de deformações prévias, de preconceitos. Paradoxalmente, para refletir, ele deveria abandonar previamente... o instrumento dessa reflexão. Precisaria debruçar-se sobre as coisas da educação tais quais são em si mesmas... antes que ele as conhecesse. Para conhecer, ele precisa antes de mais nada abster-se de conhecer. Antinomia que constitui todo o projeto da fenomenologia filosófica contemporânea!

Em todo caso, essa antinomia nos parece erigir no caminho da convicção um obstáculo que se afigura dificilmente superável. Se a isso acrescentarmos os efeitos da bioafetividade consciente e/ou inconsciente no "sistema-pessoa", poderemos dizer que a justificação, pelo educador, de seu pensamento ou de sua ação, seja qual for a importância de sua reflexão, se situará entre o pólo da dúvida e o da convicção. A dúvida nos leva à impossibilidade de reconhecer a verdade ou o valor de um conteúdo ou de uma finalidade. O educador que nela incidisse não poderia, por exemplo, optar por ter como finalidade de sua ação a formação de um indivíduo autônomo ou a construção de um grupo social coerente; não poderia também afirmar que a imagem do mestre segundo a perspectiva durkheimiana é preferível à perspectiva preconizada por uma pedagogia de tipo Freinet etc. A convicção, por sua vez, implicaria a adesão total do sujeito – amálgama de conceitos e afetos – a um conteúdo que ele considerasse certo.[6]

---

6 Kant distingue persuasão de convicção. A primeira, para ele, supõe uma adesão *particular* do sujeito à verdade ou ao valor que ele afirma, mas sem que essa adesão seja compartilhada nem, *a fortiori*, universal. Assim, a persuasão tem essencialmente origem afetiva. A convicção, por sua vez, supõe uma adesão *universal* ao objeto afirmado como verdadeiro ou à ação considerada válida. Assim, tem origem racional.
Se nos detivermos na definição de Kant da persuasão, empregaremos, ao contrário, o termo convicção para designar o sentimento que nos faz aderir, *como amálgama de conceitos e afetos*, ao juízo verdadeiro ou à ação válida. A convicção tem, pois, origem não apenas no nível da razão, mas no nível do sistema–pessoa.

Acabamos de perceber a dificuldade disso, por ora, apenas no plano psicológico.

Verifica-se então que, entre os pólos da dúvida e da convicção, as justificações dos pressupostos da educação na maioria das vezes não podem ser mais que opiniões, no sentido dado por Kant (1943) ao termo: "A opinião é uma crença que tem consciência de ser insuficiente, tanto subjetiva quanto objetivamente". Essa opinião é próxima da *doxa* platônica, conteúdo de um pensamento que permanece fechado em si mesmo mas em acordo consigo mesmo. É "um discurso que a alma faz o tempo todo para si mesma sobre os objetos que examina ... É assim que se me afigura a alma em seu ato de pensar; para ela, outra coisa não é dialogar, fazer-se perguntas e dar-se respostas, passando da afirmação à negação; depois que ela ... define um ponto final, a partir do qual permanece constante em sua afirmação, e não duvida mais, é aí que acreditamos estar sua opinião" (*doxa*) (Teeteto, 189e-190a). A análise kantiana concorda, em um aspecto, com a abordagem platônica: em ambas, a opinião caracteriza-se pelo fechamento em si mesmo do sujeito que conhece. Ele julga subjetivamente, diz Kant; Platão estima que, na *doxa*, o indivíduo só profere discurso para si mesmo.

Quer nossa reflexão assuma o aspecto da *doxa* platônica, dos *idola* de Bacon, da opinião kantiana ou da opinião louca de Alain, verifica-se sempre o mesmo fechamento em si mesmo. A certeza de seu objeto, portanto a convicção do sujeito – educador ou outro –, não pode ser total. Fica difícil justificar os pressupostos da educação com toda a clareza. Nem os móbeis da afetividade nem os motivos da reflexão o permitem. Será que essa abordagem psicológica da questão é confirmada por sua abordagem psicossociológica?

O MOLDE SOCIAL DA DECISÃO

O educador apreende, pois, os pressupostos da educação através dos filtros bioafetivos e conceituais de sua subjetividade própria. Ora, esta carrega, ademais, a marca do grupo em que se insere. O egocentrismo expressa-se no crisol do etnocentrismo.

O impacto do grupo sobre a atividade individual não precisa mais ser demonstrado. E. Morin (citado por D. Terré-Fornacciari, 1991, p.133) não tem dificuldades para lembrar que "todo conhecimento, mesmo o mais físico, sofre uma determinação sociológica. Há em toda ciência, mesmo a mais física, uma dimensão antropossocial...". Não há vida individual que não contenha uma dimensão social. Ambas constituem as duas abordagens inseparáveis da vida pessoal considerada no plano do comportamento, mas também no do pensamento. O impacto social penetra nossa reflexão não só em seus conteúdos, mas também em suas estruturas: nosso modo de pensar, nossos esquemas cognitivos são de origem social, afirma M. Mauss (1969b), para quem "as primeiras categorias lógicas foram categorias sociais que servem espontaneamente de base e guia à consciência individual".[7]

Que conteúdo se pode atribuir a esse impacto social que impede o indivíduo de assumir, *sozinho*, a paternidade de sua reflexão e de seu comportamento? Que tipo de pressão exerce sobre nós a "consciência coletiva", tão cara a Durkheim? Ela tem dois aspectos: designa, por um lado, o comportamento real de um grupo humano e, por outro, as normas segundo as quais os indivíduos desse grupo são determinados a comportar-se. Ela remete, assim, ao mesmo tempo a um *ser* e a um *dever-ser*.

É, em primeiro lugar, um ser. "O conjunto das crenças e dos sentimentos que são comuns à média dos membros de uma mesma sociedade e formam um sistema determinado que tem vida própria pode ser chamado de consciência coletiva ou comum", escreve E. Durkheim (1994). Outrossim, ele esclarece (1992a) que essas *crenças* e esses *sentimentos* dizem respeito à nossa vida pessoal e social mais cotidiana, e isso em três níveis. No plano do ser da pessoa, a consciência coletiva determina nossos

---

[7] O pensamento contemporâneo não é inovador na matéria. Pensemos nas análises de B. Pascal, 1963, p.514, sobre o costume: "O costume é uma segunda natureza que destrói a primeira. Mas que natureza? Por que o costume não é natural? Receio muito que essa natureza não passe de primeiro costume, assim como o costume é uma segunda natureza". Nossa "natureza" teria, portanto, origem cultural, logo antropossocial.

substratos morfológicos (tipos de habitação, repartição das populações etc.). No plano da maneira de agir, a consciência coletiva determina essencialmente a organização de nossa atividade e, em particular, a divisão do trabalho social. Finalmente, no terceiro plano, o da maneira de pensar, a consciência coletiva determina nossas crenças, nossas evidências, nossos estereótipos, sob cujo aspecto se apresentam os pressupostos permanentes de nossa reflexão.

A consciência coletiva é também um dever-ser. Para Durkheim, é uma *hiperespiritualidade* da qual emana a voz do dever moral e do valor. "A vida coletiva", escreve ele (1990b), "é a forma mais elevada da vida psíquica, pois é uma consciência das consciências. Situada fora e acima das contingências individuais e locais, só vê as coisas por seu aspecto permanente e essencial." Ainda segundo ele, o impacto do social sobre nossa pessoa atinge tal importância que ele se torna censor–avaliador do bem e do verdadeiro que, em nós, se impõe a nós. Em última análise, quando julgamos os fundamentos de nossa reflexão e de nosso comportamento de educadores, é a consciência coletiva de nosso grupo que determina seus critérios pela pressão de suas estruturas, de seus ritos, de seus procedimentos, de suas rotinas etc. No mais das vezes, preocupados em determinar o sentido de nossa existência e de nosso dever, o que fazemos – mais ou menos conscientemente – é nos inserir num crisol social por meio das ditas reações de polidez, gosto, afinidades... e isso, em campos tão diferentes quanto os da moral, é claro, mas também da política, da religião, da técnica, do lazer etc.[8]

Por fim, não podemos encerrar esta menção à consciência coletiva sem fazer referência a seu lado inconsciente. C. G. Jung (1964) revelou a existência de um inconsciente social que exerce sobre o indivíduo uma pressão efetiva e, muitas vezes, determinante. As ilustrações que dá a respeito, no que se refere por exemplo à nossa imagem de Deus, revelam esse ponto de vista. São esses arquétipos que, sub-repticiamente – e talvez por isso mesmo de modo determinante –, são iniciadores de nosso ser, visto como mescla de ação e pensamento.

---

8 Ver também a respeito M. Mauss, 1969a.

Nossa sociedade contemporânea ocidental, através de exigências de respeito à pessoa, tenta minorar a pressão do grupo sobre o indivíduo. A apreensão pessoal do mundo não se faz mais apenas através do prisma do egocentrismo, mas também de um etnocentrismo mais ou menos negador de individualidade, e que W. G. Summer (1906, p.13) define como um "modo de ver que faz do grupo o centro de tudo, e em razão do qual todos os outros grupos são sopesados e avaliados por referência a esse centro".

Ainda que, por razões sociopolíticas, o etnocentrismo seja atualmente a expressão mais clara da pressão social, não é a única. P. Bourdieu (1993) constata e fustiga uma das taras sociais mais graves de nosso tempo: a ortodoxia, a adesão a um ponto de vista defendido por uma seita, um clube esportivo, uma religião, um partido, uma filosofia; todos estes ídolos que são menos mestres do pensamento do que amestradores do nosso pensamento. "A ortodoxia", escreve ele, "nesse sentido é o *consensus omnium doctorum*, a concordância de um grupo de pessoas que têm como característica comum estarem ligadas por todas as suas células cerebrais a uma maneira de fazer a ciência ... Esse consenso social é muito difícil de combater."

Se, assim como vimos acima, a convicção proporcionada pela certeza de um juízo só pode ser um sentimento vivenciado pessoalmente, se, entretanto, nossos juízos sempre trazem a marca de um impacto social,[9] toda convicção não seria um embuste? Parece então que seríamos levados a fazer a seguinte constatação: os móbeis, os motivos e as marcas sociais de nossa ação individual tornam dificilmente concebível e possível uma convicção pessoal construída sobre a certeza de seus fundamentos.

Nos planos psicológico e psicossociológico, a reflexão sobre os fundamentos da educação não pode, assim, mostrá-los como indubitáveis. O educador preocupado em conferir um sentido à

---

9 Todavia, tivemos a ocasião de mostrar que o indivíduo não é um receptáculo passivo no crisol social. Cf. H. Hannoun, 1995, p.131-3. Se o grupo exerce uma ação sobre o indivíduo, este assimila essa ação segundo seus próprios esquemas.

sua ação não pode, portanto, ao cabo de sua investigação, estar armado de uma real convicção.
Será que a abordagem epistemológica e lógica da certeza confirma essa conclusão?

O DIFÍCIL CAMINHAR DO CONHECIMENTO HUMANO

A abordagem psicológica e psicossociológica dos pressupostos teóricos da educação encontra complementaridade na sua abordagem epistemológica e lógica. As atuais investigações sobre a cognição recorrem, por um lado, às ciências empíricas, cujo objeto é a genealogia do ato de conhecer, seus mecanismos psicofisiológicos, psicológicos ou mesmo psicossociológicos,[10] e, por outro, à lógica como ciência da discriminação entre verdadeiro e falso. Acabamos de abordar o primeiro aspecto. Cumpre agora abordar o segundo: a estrutura formal de nosso pensamento é fiável? A lógica a que nossa reflexão obedece mesmo quando se quer racional porventura nos leva a conclusões indubitáveis, capazes de nos dar convicção?

Um raciocínio, no plano lógico, apresenta-se na forma de cadeia de razões que decorrem de modo aparentemente rigoroso umas das outras, e cuja origem é um princípio considerado razão primeira, só decorrente de si mesma. Entre princípio e razões estabelece-se uma relação necessária que produz a coerência do conjunto. Assim, um raciocínio é um sistema, um "conjunto de elementos entre os quais ocorre uma interação que nunca se pode reduzir a zero", escreve B. Nicolescu (1985, p.102): "a ausência de interação significaria a morte, o desaparecimento do sistema, sua decomposição nos elementos constitutivos. A própria existência do sistema significa que ele não é a simples soma de suas partes". Essa construção sistêmica procede de duas lógicas complementares: uma lógica da indução e uma lógica da dedução.[11] A lógica da indução – à qual certos lógicos recusam a denominação de raciocínio – supõe a invenção de uma hipótese interpretativa do mundo, considerada princípio de reflexão. É

---

10 Ver a respeito R. Pring, 1972, e G. Bernbaum, 1977.
11 Ver a respeito K. Popper, 1973.

uma superação da simples constatação assertórica dos fatos rumo à explicação dada como fundamentadora de sua necessidade apodíctica. A lógica da dedução, inversamente, extrai do princípio-hipótese as conseqüências necessárias que deverão ser confrontadas com os fatos empíricos. Que valor se pode atribuir a essas duas estruturas de pensamento? As conexões internas, por um lado, e os princípios-hipóteses, por outro, revelarão conclusões indubitáveis, capazes de nos dar convicção?

No plano de sua estrutura interna, um raciocínio é apreciado em termos de duas relações: a da verdade formal, ou seja, a necessidade de nexo entre suas razões, e a da verdade factual, ou seja, sua relação com os fatos que pretende explicar. Para K. Popper (1973), a indução não implica nenhuma lógica no caminho que vai dos fatos ao princípio-hipótese; esse é um caminho do imaginário que tenta preencher a ausência de argumentos racionais fundamentadores do princípio. A indução é, assim, um problema que diz respeito à psicologia da criação, não à lógica. A dedução, por sua vez, inspira confiança porque é tautológica. Sua conclusão afirma o que já está implicado em suas premissas. Contudo, tampouco escapa à crítica dos lógicos. Essa lógica não pode evitar os limites da reflexão humana tais quais se apresentam – só para dar um exemplo – nos paradoxos, a saber, nas estruturas racionais cuja conclusão contradiz as premissas, quando a tautologia já deixa de ser tão segura. Esses paradoxos existem nos campos mais diversos.[12] Desde o século V a. C., conhecem-se no Ocidente os paradoxos indicados por Aristóteles e expressos por Zenão de Eléia: o de Aquiles e da tartaruga, que "demonstra" que o veloz herói nunca alcança o lento réptil; o da flecha, que "demonstra" que, uma vez lançada, ela não pode chegar a alvo nenhum etc. Em nossa época, não há domínio do pensamento que escape a esses lapsos da razão. Em matemática, o paradoxo de G. Cantor nos impede de falar em conjunto de todos os números cardinais, já que esse conceito é logicamente contraditório. Em semântica, é célebre o paradoxo de Epimênides de Creta que,

---

12 Ver a respeito B. Russel, 1906, N. Falletta, 1992, e J. Ladrière, 1957.

com a afirmação de que os cretenses são mentirosos, na verdade está afirmando – por ser ele mesmo mentiroso – que eles não são mentirosos, o que os faz, ao mesmo tempo, mentirosos, visto que ele não mente ao dizer que são mentirosos. Existem outros paradoxos na reflexão política, na solução de problemas psicológicos, na realização de obras de arte etc. Sua existência confirma que os mecanismos da razão são os de um instrumento com capacidades reais, mas com um campo de eficácia limitado. Ou melhor, o exercício da razão, em certas condições, revela seu caráter antinômico: o raciocínio contém os germes de sua própria negação, o que o obriga a superar-se permanentemente.

A falta de confiabilidade absoluta dos mecanismos do raciocínio é acompanhada, no plano lógico, pela falta de clareza dos conceitos que pretendem organizar. A obra de M. Foucault (em particular 1961 e 1963) contém uma ilustração disso. Foucault mostra que o conceito é geralmente definido de modo negativo:[13] explica "o que não é" o objeto do conceito, sem dizer "o que é". Assim, para ele, o "homem normal" é aquele que não está doente nem louco. A normalidade, em si mesma, não é definida. O conceito nos oculta o ser no que ele é, revelando apenas aquilo sobre o que não podemos agir, sua negação, sua ausência.

O raciocínio é, pois, um sistema em que conceitos negativos são organizados por um instrumento mental – as estruturas racionais – cuja confiabilidade não é garantida. Ademais, "a análise lógica", escreve O. Reboul (1989, p.10-1), "não contribui com nenhuma síntese. Se ela se vangloria, com razão, de destruir as falsas questões..., deixa-nos no limiar das verdadeiras". A lógica, ao dissecar os conteúdos de um pensamento, leva à perda de sua significação global. Podemos, de modo racional, justificar um com-

---

13 Esse modo de ver não é novo. Já no século XII, no âmbito do pensamento judaico-árabe, autores como Maimônides consideravam que Deus não é cognoscível pelo homem naquilo que é, mas só pode sê-lo naquilo que não é. Assim, os atributos do homem, que é um ser finito, não podem ser atributos de Deus, que é ser infinito. É o que Maimônides chama de atributos negativos de Deus.

portamento com referência ao respeito devido à pessoa humana (ou a qualquer outro valor, social, religioso, artístico etc.), mas nem por isso podemos demonstrar racionalmente o real fundamento desse valor. Em outros termos, o raciocínio lógico é capaz de revelar o como das coisas, porém mais raramente, se não jamais, o seu porquê. No plano do comportamento moral, essa constatação é prenhe de conseqüências. Voltaremos a isso.

O pensamento lógico, isolado na soberba de seus princípios e de suas estruturas, não nos proporciona uma verdade convincente e nos oculta o sentido da realidade global. Essa constatação faz eco à advertência de J. Prevert: "Deixado à sua mercê, o mundo mental mente monumentalmente". Portanto, ao que parece, seria preciso que o mundo mental não ficasse mais à sua própria mercê. Seria preciso romper essa dicotomia pensamento-mundo. Um raciocínio confiável seria então aquele que, na falta de estrutura lógica segura e de conceitos claramente definidos, recebesse a confirmação dos fatos? A verificação experimental poderá fundamentar a verdade dos conteúdos do pensamento e, no que tange mais particularmente ao nosso interesse, dos pressupostos da educação? Será possível verificar o valor de uma finalidade educativa? Um educador poderá afirmar o valor positivo de seu comportamento alegando que ele "*funcionou* até aquele momento"?[14]

A confiabilidade da verificação experimental é também contestada pelos lógicos contemporâneos. R. Carnap, por exemplo (1953), faz duas críticas a ela.

- Uma afirmação considerada verdadeira porque empiricamente verificada supõe sua repetitividade. A partir de uma (ou de algumas) experiência(s), assume-se um risco indutivo quando se afirma que ela será repetida sempre que respeita-

---

14 É preciso deixar claro que no pensamento contemporâneo o conceito de verificação vai além da simples confrontação com os dados empíricos. Pode-se considerar que uma afirmação foi *verificada* quando ela está em conformidade com uma lei (plano jurídico), quando ela é eficaz (plano técnico), quando ela se coaduna com uma regra lógica (plano matemático), enfim – e esse é o caso que nos preocupa aqui –, quando ela se mostra confirmada pela experiência.

das as suas condições de realização. Mas com que direito afirmar sobre todas as experiências uma constatação que foi feita com uma delas? Carnap refuta as pretensões dessa generalização.

- Outrossim, segundo ele, para que haja efetivamente repetição, é necessário que as condições da experiência verificadora sejam idênticas às da experiência segundo a qual foi elaborada a hipótese por verificar. Para que uma experiência B verifique as conclusões de uma experiência inicial A, é preciso que as condições de realização de A e B sejam idênticas. Ora, essa identidade é impossível. Essa impossibilidade faz que uma experiência não confirme – nem infirme – nunca, de modo absoluto, os aparentes ensinamentos de uma outra experiência. Essa argumentação, aliás, leva R. Carnap a substituir, a partir de certo momento de sua obra, o termo verificação (ou verificabilidade) pelo termo confirmação (ou confirmabilidade).

Encontramos em G. Bachelard (1934)[15] a mesma desconfiança em relação à verificação experimental em sua pretensão de fundamentar uma convicção. Sua argumentação pode ser apresentada por dois aspectos:

- Retomando, em parte, as observações de Carnap, ele constata que uma experimentação é inseparável das condições de sua realização presente. A observação experimental congela assim seu conteúdo no estágio atual de seu aparelhamento experimental. Ora, o enunciado teórico e geral daí induzido supõe a repetição da experiência inicial. A impossibilidade dessa repetição estrita exige um salto em direção ao futuro, uma superação daquilo que apenas os dados presentes não permitem realizar. Se, em condições C, o fenômeno A provoca o fenômeno B, induzo que em todos os lugares e sempre A provocará B. Esse salto do agora para o sempre e do aqui para todo lugar é indevidamente praticado.
- Há sempre interferência do sujeito cognoscente e do objeto conhecido em todo ato de conhecimento. Para G. Bachelard

---

15 Ver também a respeito O. Neurath, 1937.

e muitos outros epistemólogos contemporâneos essa constatação é uma das constantes das ciências atuais da cognição. Na tradição ilustrada por Kant, afirma-se a impossibilidade de apreender o "objeto" puro de uma experiência tal qual ela se apresentaria independentemente do experimentador. Do mesmo modo, é impossível o "sujeito puro" independente do meio físico-biossocial que lhe fornece seu objeto. A imagem que temos do mundo nunca é mais que a interpretação que dele construímos através de uma viseira que o marca com a nossa inevitável subjetividade. "Interação entre observador e observado, autonomia: poderíamos fazer desses dois princípios, temas ou noções, os pilares da metafísica que se extrai das ciências contemporâneas", escreve D. Terré-Fornacciari (1991, p.130). Nosso mundo – físico, biológico, social, pessoal – é um mundo construído segundo as linhas de nossos esquemas cognitivos, morais, culturais, estéticos, afetivos etc. "Digam o que disserem", lembra G. Bachelard (1970), "na vida científica, os problemas não se apresentam por si mesmos. É precisamente esse sentido do problema que confere a marca do verdadeiro espírito científico ... Nada ocorre por si mesmo. Nada é dado. Tudo se constrói."

O mesmo eco dessa interação sujeito–objeto está em J. Piaget (1970). "O sujeito que observa ou experimenta em si mesmo ou em outro pode ser, por um lado, modificado pelos fenômenos observados, e, por outro, pode ser fonte de modificação quanto ao desenrolar e à natureza desses fenômenos..."

Assim, na nossa época, pode-se considerar ultrapassada a idéia de conhecimento que consista na fiel impressão de um mundo na cera fundida de um espírito-receptáculo. Essa concepção vincula-se a uma "filosofia da noção de espírito-espelho ... que compara o espírito a um grande espelho que contém diversas representações, umas adequadas, outras não-especulares, espírito que poderia ser estudado por meio de métodos puros, não empíricos" (R. Rorty, 1990).

Assim, a verificação experimental de um enunciado técnico não parece capaz de nos convencer de sua verdade – ou de sua falsidade. Por um lado, a repetitividade da experiência exigida pela verificação é discutível; por outro, verificar nunca é realizar a conformidade de um pensamento teórico e de uma experiência, mas de uma teoria factualizada porque conformada pelos fatos, e de fatos teorizados porque informados por uma teoria. Não há, nesse sentido, confrontação do pensamento com o mundo, mas sim do pensamento do mundo com um mundo pensado. No movimento de conhecimento que o impulsiona para o mundo, o pensamento se encontra consigo mesmo. A confrontação com o outro se faz conflito pessoal. O sentimento de convicção é acordo consigo mesmo, e não acordo entre inteligência e experiência. "A certeza", escreve J. Lagneau (1964, p.58), "só existe pela harmonia da natureza e do espírito, harmonia proveniente do fato de que em definitivo tudo na natureza vem do espírito." Da mesma maneira, a matemática, para Kant, por exemplo, é o campo de todas as certezas porque, nela, o que o espírito conhece é sua própria criação. A certeza matemática é um narcisismo intelectual. Ela não fornece nenhum passaporte capaz de nos possibilitar sair de nós para uma verdade exterior a nós. Ela é autocontemplação de nosso mundo mental.

No nível de seus mecanismos lógicos internos, assim como no nível de sua relação com o mundo, o pensamento lógico não pode, portanto, garantir o real fundamento de suas conclusões. Ele não é o instrumento tranqüilizador capaz de nos convencer de uma verdade. Não nos ajuda a fundamentar os pressupostos da educação.

Os mecanismos internos e a relação com a experiência não são as únicas falhas pelas quais pode resvalar a dúvida que incide nas conclusões lógicas. Os princípios sobre os quais elas se constroem tampouco escapam à crítica dos lógicos.

Já vimos que no plano psicológico a cognição não conhece "tábula rasa". O ato de conhecer tem como autor um sujeito que marca seu processo com suas próprias determinações. Nosso conhecimento se baseia, assim, em dados iniciais de origem pessoal e/ou ambiental que põem inelutavelmente sua marca sobre todos os conteúdos de pensamento. Esses dados iniciais se apresentam com o selo da evidência que se sabe não ser sinal indubitável de verdade. Essa constatação exige que, após termos examinado o edifício do raciocínio, passemos a pôr à prova as suas fundações.

Os dados iniciais da reflexão são de dois tipos: empíricos e/ou teóricos.

Os dados empíricos são os que "resultam diretamente da experiência ou são postulados a propósito desse mundo empírico", escreve a respeito S. C. Rleen (1952). Que a água molha, que o fogo queima, que a madeira é inflamável e o ferro não, que toda matéria tem forma, que todo corpo é pesado etc. são experiências tão presentes nas nossas atividades que se nos impõem com evidência segura, ainda que, no plano teórico, não tenham fundamento de necessidade. Em face delas, contentamo-nos em formular o *es ist so* dos analistas alemães (é assim). Sua negação ou sua transgressão, no nosso quadro cultural atual, diz respeito ao milagre ou à magia. O indivíduo que emergir totalmente seco da água, que andar descalço sobre um braseiro sem danos aparentes, que demonstrar capacidade de levitação será visto como um hábil ilusionista. Seu comportamento é visto como extraordinário porque o ordinário é o que se conforma aos dados empíricos iniciais de nosso modo de pensamento. Seu espetáculo é recebido como ilusão (do latim *ludere*, enganar, brincar), brincadeira, irrealidade, por não ser assimilável por estruturas mentais – as nossas – que lhe são heterogêneas.

Também é possível classificar na categoria de dados iniciais empíricos os vestígios conscientes ou não que nosso passado (nossa história pessoal e/ou social) deixou em nós. Já abordamos anteriormente esse aspecto das coisas. Pensamos a partir daquilo que já pensamos até agora, que forma a trama do senso comum e de nossas evidências cotidianas. "A cognição", escreve nesse sentido F. Varela (1989a, p.99), "não pode ser adequadamente compreendida sem o senso comum, que nada mais é que nossa história física e social ... O que sabe e o que é sabido, sujeito e objeto, são a especificação recíproca e simultânea um do outro." Conhecemos através e pela mediação do que fomos e conhecemos. Sair dessa mídia é uma variância muitas vezes vivenciada como intolerável. As grandes revoluções do pensamento sempre foram transgressões mais ou menos provocadoras de um passado. Sempre implicaram conversão. O concebido se constrói a partir do vivido – ou contra ele. Esse vivido será porventura um fundamento confiável de nossas convicções?

Assim, também nossa reflexão se elabora a partir de dados iniciais teóricos. Quais são eles?

São, em primeiro lugar, os axiomas como pressupostos de todo pensamento.[16] Temos uma ilustração disso nos princípios *a priori* do conhecimento apresentados pelo criticismo kantiano. Apreendemos o mundo sensível através de nossas "formas *a priori* da intuição pura", e nosso entendimento capta o mundo inteligível através das "categorias do pensamento". O axioma é, assim, a condição subjetiva de todo ato de cognição.

São, em segundo lugar, os postulados. Se o axioma não é demonstrável, é, contudo, evidente. O postulado, porém, é o princípio cuja admissão se pede, embora ele não seja demonstrável nem evidente. É assim que Aristóteles o apresenta.[17] Para Kant (1960, p.132), o postulado é "uma proposição teórica, mas que, como tal, não pode ser provada porquanto necessariamente dependente de uma lei prática que tem *a priori* um valor incondicionado". Nele, a abordagem não é apenas lógica, mas também moral: ainda que indemonstráveis, devemos propor os postulados da existência de Deus e da imortalidade da alma, sem os quais a vida moral perderia sentido.

O princípio, axioma ou postulado, tal qual concebido pela lógica contemporânea, apresenta essencialmente dois caracteres: é indemonstrável e fundamentador de sentido.

- O princípio é indemonstrável. É-o por definição, por ser o primeiro elo de uma cadeia de razões em que cada um deles tem como fundamento o precedente. Um elo proposto, por definição, como primeiro só pode ser infundado e indemonstrável. Esse caráter dos princípios não é afirmação nova: no contexto de uma lógica binária, já era ressaltado por Aristóteles a propósito das premissas do silogismo. Do mesmo modo, apoiado nessa constatação, no nosso século XVI

---

16 Ver a respeito R. S. Peters, 1966, e D. Hilbert, 1971.
17 Analíticos segundos, I, 10, 76, 23-4.

ocidental, Montaigne afirmava que nenhuma filosofia poderia fundamentar em verdade uma religião, visto que a justificação filosófica exige, ao infinito, sua própria justificação.

- O princípio, aliás, é o não-sentido fundamentador de sentido. Para Kant (*Dialética transcendental* da *Crítica da razão pura*), a razão, como sistema de princípios, é a condição *a priori* da compreensão, logo do sentido dado ao mundo. Ela é, assim, transcendental, conforme o sentido dado por J. Kleinig (1973 p.148) a esse termo: é transcendental um princípio que é logicamente pressuposto por algum ato de palavra ou situação epistêmica. Essa transcendência faz da razão o produtor, jamais o produto do sentido. Não podendo significar-se a si mesma, ela é necessariamente não-sentido, o que não significa que é contra-senso porém que está fora do sentido. O princípio não contradiz a razão; é-lhe exterior assim como um significante é exterior ao significado.

No entanto, apesar do não-sentido de nossos princípios, pensamos e agimos "como se" (*als ob*) eles fossem fundamentados. Kant dá numerosas ilustrações desse *als ob* (1943, t.2, p.168-9). Para explicar os fatos psíquicos unificando-os, agimos como se possuíssemos uma alma unificadora: "Ligaremos ao fio condutor da experiência interna todos os fenômenos, todos os atos ...", escreve ele, "como se ele fosse uma substância simples que subsistisse ... com identidade pessoal, ao passo que esses estados ... mudam continuamente". Do mesmo modo, para dar um sentido unificador aos fatos cósmicos, agimos como se o mundo fosse infinito, coisa de que, porém, não temos experiência alguma: "Devemos prosseguir ... a investigação das condições dos fenômenos naturais", continua ele, "como se ela fosse infinita em si. Por fim, para significar os fatos em geral, devemos agir como se todos emanassem de um só ser, Deus: devemos considerar tudo o que só pode pertencer ao conjunto da experiência possível, como se ela formasse uma unidade absoluta ... e como se, ao mesmo tempo, o conjunto de todos os fenômenos ... tivesse, fora de sua esfera, um princípio supremo único ...". Se quisermos dar algum sentido a uma construção teórica qualquer, deveremos portanto reconhecê-la como oriunda de um princípio significante não significado, explicador não explicado. Assim, o dogma da unicidade de Deus, esse "axioma teológico", confere sentido às religiões judaica, cristã e muçulmana, do mesmo modo como o ateísmo de um Diderot como pressuposto de seu pensamento lhe confere sua significação essencial. Toda vez, nosso comportamento e nosso juízo são possíveis e concebíveis com a condição de nos submetermos a esse *als ob*: concretizamos um e vivenciamos o outro como se estivéssemos convencidos da verdade de seu princípio. Contudo, esse "como se" é índice patente de nossa falta de convicção real, pois não há convicção condicional. No contexto da lógica binária, o objeto é indubitável ou não. Ora, a convicção não pode ser total em razão da inevitável coexistência, no ato de conhecer, do *como se* e do *portanto*, do dado inicial injustificado e dos argumentos que ele justifica, da opinião louca e do pensamento racional.

O não-sentido dos princípios é, pois, fundamentador do sentido da conclusão. "O sentido parece (historicamente) sair do quase-sentido (markoviano) que, por sua vez, parece sair do não-sentido. A história (para uma ciência superficial) do universo parece contradizer a prioridade racionalmente indispensável do sentido" (Ruyer, citado por D. Terré-Fornacciari, 1991, p.133).

Com esse mesmo sentido E. Morin (1977) afirma que "no princípio havia a complexidade". No princípio do mundo assim como no do pensamento ou no da ação não há um mundo de estruturas exclusivamente racionais. Na origem do cosmos está o caos, o *tohu ubohu* bíblico; no do pensamento e da ação, está a não-razão, a extra-razão mágica, se definirmos magia "como um efeito que se produz sem causa externa" (D. Terré-Fornacciari, op. cit., p.139). Essa magia das origens traz em seu bojo o drama humano quando se quer fundamentadora de nossos valores morais. De fato, justificar um comportamento, apreciar os pressupostos de um processo educacional, apoiar ou combater um sistema político ou social, tudo isso diz respeito a construções cognitivas que dependem tanto de uma estrutura racional quanto de princípios que, fundamentadores não fundamentados, se situam fora da racionalidade. Que validade tem então uma ação moral – ou educacional – que nos engaja por inteiro na existência?

Os princípios do pensamento lógico, portanto, são da alçada de um metadiscurso que escapa a suas próprias leis estruturais. Essa ausência de fundamento racional pode ser problemática. Isso porque estamos diante da alternativa apontada por Terré-Fornacciari (op. cit., p.108): "Ou nada os vem substituir, e assim se inaugura a era do vazio ... de um vazio de pensamento. Ou esses metadiscursos falaciosos são substituídos por uma outra estrutura intelectual ..." que precisará, de novo, ser fundamentada. Ou o vazio de sentido, ou a busca infinita do sentido. Ou o deserto árido, o mundo do nada, ou o rio impetuoso que arrebata todo sentido em suas ondas. Em nenhum caso a sede é saciada.

O deserto, o vazio de sentido, será possível? Pode-se prescindir dos princípios do pensamento? Sua necessidade será fundamentada, em faltando seu conteúdo? É verdade que poderíamos ser tentados a prosseguir infinitamente a cadeia de indagações. De fato, por que o pensamento deveria deter-se na seqüência de razões assim como o mundo na seqüência de causas ou o movimento na seqüência de motores? A *ratio sui* e a *causa sui* serão inevitáveis? Em outros termos, poderíamos evitar fundamentar nossas demonstrações no indemonstrado, nosso pensamento no impensável?

Parece que essa existência necessária de princípios do pensamento tem fundamento ao mesmo tempo psicológico, lógico, moral e metafísico. É no plano psicológico que se situa E. Goblot (1925) ao escrever: "O pensamento parte de princípios indemonstráveis e conduz a fins indemonstráveis. Esses fins só podem ser dados. É fato que os desejamos e amamos, que aspiramos a possuí-los ou a realizá-los. São bons porque são nossos fins e são nossos fins porque nossa natureza de seres viventes, sencientes, ativos e sociáveis é de tender para eles; têm raízes mais profundas que a própria inteligência; a função da inteligência se reduz a multiplicar e a encurtar as vias que possibilitam atingi-los. *Não podemos julgar o bem senão em relação a alguma coisa que não julgamos*" (grifo nosso). Segundo Goblot, a inevitabilidade dos princípios responde a uma necessidade psicologicamente vivenciada.

M. Schlick (1979 – Positivismo e realismo) encontra uma justificação lógica para a existência de princípios na origem do pensamento. "Para encontrar a significação de um enunciado", escreve ele, e "devemos transformá-lo por meio de definições sucessivas até o momento em que figurem nele palavras que não possam mais ser definidas, mas cujos significados possam apenas ser indicados". Em toda demonstração, a cadeia de argumentos acaba sempre, em certo momento de seu processo, por tropeçar num argumento não-argumentável, numa *ratio sui* fundamentadora do próprio processo, mas não fundamentada. Encontramo-nos aí diante do *verum index sui* de B. Espinosa, do verdadeiro índice de si mesmo, cuja concepção é, ao mesmo tempo, revelação de sua verdade. A verdade não é, nesse caso, um atributo externo ao objeto verdadeiro. É essencial tanto quanto é essencial ao conceito mesmo de triângulo que a soma dos seus ângulos seja igual a 180°.

Para Kant (1943), a reflexão faz necessariamente referência a princípios; sua conduta natural leva inevitavelmente a eles. Nisso ele vê três momentos: o da apreensão ingênua do mundo pela experiência sensível imediata; o da tomada de consciência dos erros cometidos nesse primeiro estágio e a dúvida daí decorrente; e, finalmente, durante o terceiro momento, o questionamento do próprio instrumento de nosso conhecimento, a razão e seus princípios. "O primeiro passo nas coisas da razão pura", escreve ele, "que marca a sua infância, é *dogmático*. O segundo passo é *céptico* e mostra a prudência do juízo afinado pela experiência. Mas é só o terceiro passo que pertence ao juízo maduro e viril: consiste em submeter ao exame a própria razão." É o estágio crítico do processo. Portanto, em certo momento de seu processo, o pensamento tem seus próprios princípios como objeto.

O problema das origens do pensamento possui também uma dimensão moral. Sobre que valor poderei fundar a justificação de minha ação de homem e de educador? A cadeia de indagações retoma aí sua fuga infinita. Não se trata mais apenas de fundamentar a verdade do conhecimento, mas, além disso, o bem da ação e o sentido por ser dado à existência. Para enxergar com clareza aquilo que faço, eu precisaria de "uma ordem *a priori*, uma ordem de valores ... uma ordem original, fonte de todas as outras, fonte de todos os poderes ... Tanto pior se esses valores principiais não passam de valorações casuais: o discurso não poderia ficar por muito tempo sem dono. O essencial tem a ver com o reencanto" (T. Terré-Fornacciari, 1991, p.125). Se a dúvida puser fim ao primeiro encanto de uma existência fundada em valores que foram admitidos porque inspiravam confiança, precisaremos, custe o que custar, reencantar-nos encontrando outros princípios, outros fundamentos não fundamentados, uma magia extra-razão à qual não se peça razão, porém sentido para aquilo que deveremos fazer. Somos colocados diante de uma alternativa: ou escolhemos a não-ação justificada pelo não-sentido da ação, ou optamos por uma ação com fundamento mágico. Ou aceitamos ser condenados a não intervir no mundo em razão de nossa ignorância – ou da inexistência – de valores da ação, ou assumimos ações cujos valores fundamentais são propostos de modo não-reflexivo. Inação ou magia?

Em nossos tempos parece que a exigência de normas morais e sociais bate às nossas portas com, no mínimo, tanta urgência quanto a do critério de verdade. Se, em ciência, o fato se antepõe à norma, "no rito ou na magia", escreve H. Allan (1986), "além do caráter simbólico que se encontra também nas abstrações do discurso, encontra-se uma *valoração a priori* na qual o símbolo se apóia. Trata-se sempre, ao contrário dos símbolos do formalismo científico, de símbolos afetados por valor. E a fonte do poder das expressões está nesse valor".

Essa alternativa não suporta, porém, a não-resposta. A ação é urgente. Estamos condenados a viver, portanto a reagir a todas as estimulações do mundo, nem que seja no claro-escuro de uma motivação com fundamentos aleatórios. Esse claro-escuro, para T. Terré-Fornacciari (op. cit., p.113), é preferível à atitude niilista da não-ação, cujas conseqüências seriam perigosas: "Tudo leva a crer ... que a era não é mais de grandes sistematizações, porém de rupturas, o que alguns chamam, um tanto apressadamente, de era do vazio. Uns a deploram, outros com ela se deleitam ... A teoria está morta, só há o social ... assim também, a realidade não existe mais, só há olhares. Donde o retorno do mágico, mais que do trágico: Giges vê mas não é visto. Estamos na era dos olhares sem sujeitos. E se o sujeito voltar, laboriosamente, não se sabe de onde, será amputado de seu olhar, prisioneiro dos espelhos do vazio". A ausência de princípio tornaria o mundo cego para nós, porque desprovido de sentido.

Não será então pensável, "pelo menos logicamente possível, que tenha havido um começo, e que o próprio tempo não tenha nenhuma significação antes dele...? que tenhamos de nos habituar à idéia de um zero absoluto do tempo – um instante no passado além do qual, por princípio, seja impossível imaginar encadeamento de causas e efeitos"? (S. Weinberg, 1987, p.173). A necessidade do princípio, na origem do pensamento – ou do mundo –, é extralógica, nem demonstrável nem mesmo pensável. Contudo, poderemos nos abster dele no plano do pensamento e no da vida? Deveríamos apostar na sua existência? A resposta nos parece depender do valor que lhe atribuímos.

No pensamento clássico, os princípios racionais são autojustificados, iniciadores não iniciados de uma totalidade que eles encerram numa significação que se pretenderia definitiva. Seriam, pois, absolutos, totalizantes, enfim, universais e eternos.

Que sentido dar ao absoluto dos princípios que reúnem, no mesmo ser, atuante e atuado, causante e causado, explicante e explicado, demonstrante e demonstrado... Essa fusão de sujeito e objeto será aberrante? O fenômeno cada vez mais estudado da autopoese autoriza a pergunta. O *"bootstrap* cósmico", por exemplo, pode ser uma ilustração de um sistema *causa sui*, concebível como autocriado. "O universo preenche-se a si mesmo, exclusivamente do interior de sua própria natureza física, com toda a energia necessária para criar e animar a matéria", escreve P. Davies (1984, p.195), "canalizando assim sua própria origem explosiva. É isso o *bootstrap* cósmico. Devemos nossa própria existência a seu espantoso poder." Poderíamos generalizar essa visão autopoética da realidade retomando a definição proposta por G. Lebret (1992, p.78) quando escreve que ela é "a propriedade que tem um sistema de não depender de seu meio, de se auto-regular e de se auto-organizar para autogovernar-se". A questão levantada parece simplificar-se no âmbito de uma lógica de tipo sistêmico. O velho problema da origem da inteligência humana, por exemplo, sobre a qual se pergunta se é produtora ou produto do mundo, estará superado se considerarmos que o sistema inteligência–mundo é autopoético, capaz de auto-organização.[18] A inteligência participa da produção do mundo que a produz. No âmbito social, o problema da origem das estruturas institucionais e jurídicas de um grupo relativamente a seu substrato econômico-político é superado do mesmo modo. G. Teubner (1993) ressalta, de fato, que "o direito regula a sociedade ao regula a si mesmo". A sociedade global considerada como sistema cujos componentes estão em interação é autoprodutora de suas leis e regras. Ampliando essa generalização da autopoese, seria porventura arriscado vermos no pensamento humano, como componente do sistema cósmico, uma estrutura autopoética produtora de seus próprios fundamentos, a saber, de seus princípios? Numa abordagem sistêmica da cognição, não há mais, face a face, um sujeito ativo e um objeto passivo: ambos são os produtores complementares de seu próprio sistema. A necessidade de princípios fundamentadores – entendendo-se aqui o termo princípio em seu sentido etimológico de primeiro – do sentido do mundo e de seu próprio sentido, simultaneamente, é uma questão cuja formulação não é aberrante.

O caráter absoluto dos princípios racionais, como vimos, implica ademais sua indemonstrabilidade. A esse respeito, convém lembrar o conteúdo do teorema de Gödel:[19] "Um sistema de axiomas suficientemente rico, sem contradição interna, é necessariamente *aberto*, ou seja, haverá sempre resultados *verdadeiros* porém *indemonstráveis* ... Mas se englobarmos esse sistema num sistema de sistemas mais amplo, o resultado 'verdadeiro porém indemonstrável' se tornará 'demonstrável', o desconhecido se metamorfoseia em conhecido". O teorema de Gödel afirma, pois, ao mesmo tempo, a indemonstrabilidade dos princípios do pensamento mas, ainda, a relatividade dessa indemonstrabilidade. O indemonstrável se faz demonstrável. O absoluto se relativiza.

---

18 Pode-se lembrar, a respeito, a constatação de Piaget, de que "a inteligência organiza o mundo ao organizar a si mesma".
19 Ver B. Nicolescu, 1985, p.107. Sobre o teorema de Gödel, ver também E. Nagel & J. R. Newman, 1958.

No pensamento clássico, o princípio racional pretende ser, outrossim, um enunciado totalizante. Para Platão (República, 508), o absoluto é a origem significante de toda realidade: "Esse princípio que proporciona realidade aos objetos de conhecimento e confere ao sujeito cognoscente o poder de conhecer declara que é a natureza do Bem". O Bem é, aí, princípio da totalidade do Ser englobante, ao mesmo tempo o cognoscente e o conhecido. Do mesmo modo, o *cogito* cartesiano fundamenta toda certeza possível. É essa pretensão à totalização que nos parece problemática. A rota da desconfiança, a esse respeito, é, aliás, traçada por certas correntes filosóficas, e não das menos importantes. Kant, por exemplo (1943, III), considera que o pensamento não pode apreender a totalidade de seu objeto, a saber, ao mesmo tempo, a si mesmo como sistema condicionante de princípios e o mundo que ele condiciona. O absoluto incondicionado, totalidade do mundo e do pensamento, é incognoscível. Nietzsche (1938, II, 3, §489), por sua vez, vitupera esse absoluto ilusório em que se comprazem os filósofos: "Parece-me importante", escreve ele, "que nos livremos do Todo, da Unidade, de não sei que força, de não sei que absoluto". Por fim, mais próximo de nós, H. Atlan (1991) afirma com razão que o conceito de totalidade é um "não-conceito", ou seja, um conteúdo inconcebível: uma totalidade, como conjunto quantitativamente definido, é variável ao infinito pela adição sempre possível de uma unidade, negando-se assim como totalidade definitiva.

No entanto, como vimos acima, o princípio totalizante na origem do pensamento é necessário como síntese significante de seus componentes. Uma cadeia de razões expressa os meios de chegar a uma conclusão que, por sua vez, encontra sentido em seu princípio. Muitas vezes refletimos longa e laboriosamente para escolher os meios de realizar um objetivo de vida. Mas a significação e o valor desse objetivo são os que, inicialmente e muitas vezes de maneira espontânea, nós lhe atribuímos pelo sentido que damos a nossa existência. Os "técnicos" da vida social – economistas, demógrafos, estatísticos, urbanistas, engenheiros, construtores, autoridades administrativas etc. – são os obreiros dos meios de realização de um projeto decidido por políticos que fixaram sua orientação e seu sentido. Do mesmo modo, os princípios dão sentido aos pensamentos e aos atos que os realizam. Princípios, por um lado, pensamentos e atos, por outro, são os componentes complementares de um mesmo sistema. Façamos uma retrospectiva. Uma justificação dos pressupostos de nossa reflexão e de nossa ação – em educação, por exemplo – implica necessariamente a intervenção de princípios que podem ser reconhecidos como absolutos por serem autoprodutores e autodemonstrados. Nossa referência à sua possível estrutura autopoética e ao teorema de Gödel nos encoraja a fazer essa afirmação. Por outro lado, parece-nos mais difícil fundamentar na razão a sua pretensão à universalidade e à perenidade totalizantes. A passagem do mundo empírico situado e datado para o mundo conceitual do todo-lugar e do sempre, como adverte Kant, é o caminho que leva ao incognoscível, justificando assim a necessidade de seus postulados. Conseqüentemente, o raciocínio é uma estrutura mental necessariamente ambígua em que coexistem absoluto e relativo, não-sentido e sentido, levando o sujeito cognoscente, ao mesmo tempo, à dúvida e à convicção. É o que leva E. Husserl (1950, I, §24) a nos recomendar: "Toda intuição originária é, de direito, uma fonte para o conhecimento; tudo o que se nos oferece na intuição do modo originário (e, por assim dizer, em carne e osso, *leibhaftig*) deve ser simplesmente recebido como se dá, sem tampouco se ultrapassarem os limites nos quais se dá então". O alcance desse texto é vastíssimo. Na perspectiva fenomenológica, essa intuição é a que nos dá a visão inicial do mundo, ou, mais precisamente, a pré-visão do mundo, a que se elabora sem nós, antes mesmo de construirmos cientemente a sua apreensão. Segundo Husserl, quando o objeto da intuição é o conjunto dos princípios do pensamento, estes são inevitáveis, mas seria vão querer ultrapassar seus limites. É essa "superação dos limites" que nos parece realizada quando se propõe o caráter totalizante, universal e eterno do princípio. Este é, de modo mais geral, uma teoria interpretativa do mundo, um instrumento que, em determinado momento de seu processo, nos permite elaborar uma significação neguentrópica organizadora das informações que dele recebemos. Mas esse instrumento também é datado e situado. Refere-se não somente à subjetividade do investigador, mas também ao estado da ciência de seu tempo e às expectativas, em determinado momento da história, de um grupo social dado. Portanto, também é portador de relatividade.

O princípio (ou a teoria) será então uma simples convenção no sentido dado por Duhem (1914) ao termo, ou seja, uma hipótese arbitrária cuja única função é pôr ordem em nossa reflexão sem pretender refletir qualquer realidade objetiva? É admissível. No entanto, penderíamos mais para a análise proposta por H. Poincaré (1943), quando fala da convencionalidade das geometrias. Sabe-se, de fato, que a geometria de Euclides é realmente fecunda no mundo de dimensão humana, mas inutilizável no mundo da astrofísica. Surgiram outras geometrias, em especial as de Riemann e Lobatchevsky, como instrumentos de investigação do mundo macrofísico ou, talvez, microfísico. Cada geometria é – ou pode ser – válida num espaço determinado. Um princípio (ou uma teoria) é absolutamente verdadeiro relativamente a seu campo de experimentação. Sabe-se que Poincaré se recusa a concluir, a partir daí, pela equivalência de todas as teorias, visto que cada uma delas contém tanto falsidades como verdades. Considera que há dois critérios possíveis de valor para elas: sua utilidade como instrumento de predição dos fenômenos e sua não-contradição interna. Não é impensável a generalização dessa conclusão para o raciocínio em geral: um raciocínio coerente pode ser um instrumento fecundo de predição, sem por isso pretender a objetividade – no sentido de concordância com o objeto do mundo exterior – do conhecimento que revela. O saber científico nos oferece o espetáculo de um mundo marcado pela coexistência necessária do certo e do incerto. A convicção que ele pode dar deixa assim sempre um espaço para a dúvida.

Os princípios pressupostos pelo pensamento e pela ação podem, portanto, ser reconhecidos como absolutos porquanto se autoproduzem e autodemonstram, dando sentido a uma reflexão e a uma ação. Permanecem relativos porquanto não podem ser recebidos como definitivos tanto em sua existência quanto em sua essência. O dogma é um princípio proposto como absoluto, logo sem nenhuma relatividade no que concerne ao espaço, ao tempo e ao sujeito que o elabora. Um princípio pode, porém, não ser um dogma se for afirmado, ao mesmo tempo, como autopoético, significante e *evolutivo*. Pelas mesmas razões, o princípio pode ser recebido como o não-sentido fundamentador de sentido, pois a ausência de sentido é, ao mesmo tempo, real e *evolutiva*.

Concebe-se agora que, tanto no nível de sua estrutura quanto no de seus princípios, o raciocínio seja fonte, ao mesmo tempo, de convicção e dúvida no sujeito. Essa coabitação de vivências diferentes assume significado especial quando diz respeito ao valor fundamentador de nosso comportamento moral – ou educacional. Poderemos nos comportar em relação ao outro duvidando dos fins e/ou dos meios de nosso comportamento? Após as abordagens psicológica, psicossociológica e lógica de nossas estruturas cognitivas, convém passar a uma abordagem axiológica: será que dispomos de instrumentos confiáveis de determinação do bem e do mal? O valor que atribuímos ao tipo de homem para o qual gostaríamos de ver tender o educando será fundamentado a ponto de produzir em nós convicção total e serena?

A COLETA IN-SENSATA DO FRUTO DA ÁRVORE DA CIÊNCIA DO BEM E DO MAL

Valor é a apreciação de um objeto que justifica a escolha (ou a rejeição) desse objeto em detrimento (ou em favor) de outros. Intervém em nossa existência mais cotidiana sempre que expressamos preferência (ou repulsa) em relação a uma pessoa, uma situação ou uma coisa. Podem ser considerados dois tipos de valores: os instrumentais e os fundamentais.

Nos primeiros o critério de apreciação consiste no primado da eficácia (ou verificabilidade) confirmável no nível da experiência direta do mundo. Trata-se do valor científico ou valor de verdade e do valor econômico ou valor de utilidade (ou de rentabilidade). Pode-se verificar experimentalmente um enunciado de física, a rentabilidade de uma máquina ou a de uma organização de *marketing*. Nessa perspectiva, um enunciado e/ou um objeto é válido se é verdadeiro e/ou útil.

No segundo tipo estão os não associados à verificabilidade empírica direta, mas à correspondência a uma idéia. Trata-se do valor moral e do valor estético. Se, por um lado, a experiência pode infirmar ou confirmar um juízo sobre a verdade de um enunciado ou a utilidade de um aparelho ou de um comportamento, por outro, a moralidade (ou a imoralidade) de um ato, a beleza (ou a fealdade) de um quadro só se referem a uma idéia de bem e a uma idéia de belo. Os valores instrumentais têm como objetivo o êxito de um empreendimento, ou seja, a coincidência entre um projeto e sua realização. Os valores fundamentais são imperativos categóricos no sentido kantiano do termo. Obedecemos ao mecanismo de uma máquina ou às leis do mercado para realizar um objetivo que estimamos útil. Obedecemos às leis morais porque é preciso obedecer-lhes. Os valores instrumentais – diz Kant – têm *preço*; os valores fundamentais têm *dignidade*. "No reino dos fins", escreve ele (1952, 2ª seção, p.160), "tudo tem um preço ou uma dignidade. O que tem preço pode ser substituído por alguma outra coisa equivalente; o que, ao contrário, é superior a qualquer preço e, por conseguinte, não admite equivalente é o que tem dignidade. O que se relaciona com as inclinações e as necessidades humanas gerais tem um preço de mercado ... Mas o que constitui uma condição segundo a qual alguma coisa pode ser um fim em si não tem apenas valor relativo ... mas valor intrínseco, ou seja, uma dignidade." Os valores instrumentais se justificam por sua demonstrabilidade e sua eficácia. Os valores fundamentais são dados que escapam a demonstrações, e cuja eficácia não é imediatamente verificável. Nesse sentido, estão mais próximos dos princípios cuja indemonstrabilidade identificamos anteriormente.

Qual é a origem dos valores? De onde vem essa idéia – ou essa pulsão – que me incita a agir, no plano educacional, de um modo e não de outro em relação à criança que me é confiada?

Os valores têm origem pessoal e ambiental ao mesmo tempo. Para M. Blondel (1993), a ação está sempre fazendo referência à imagem que cada um faz de si mesmo. Por ela, tentamos realizar a igualdade entre essa imagem e nosso comportamento real. O motor da ação é, assim, a vivência de um hiato entre o que somos e o que gostaríamos de ser. Segundo M. Blondel há, nesse sentido, imanência de uma transcendência de si para si. Somos portadores, em nós mesmos, de um valor, de um guia que se nos impõe em variados graus, orientando nossa ação e transcendendo-nos em nós. Além disso – acrescenta Blondel –, essa imanência não está ligada à nossa atividade reflexiva, mas sim a uma vivência insondável. A imagem imanente de meu dever não é produto apenas de minha reflexão racional. Assim, ele se aproxima da análise kantiana da origem do valor moral: este é categórico, impõe-se-nos sem demonstração justificadora. O valor que fundamenta nossa ação é vivenciado independentemente de qualquer fundamento.

Mais próximo de nós, O. Reboul considera que o valor tem como sentido nossa recusa a certa realidade. *Tendemos para* ... com o fim de dizermos não ao presente que desejamos deixar. "Esses valores", escreve ele (1991, p.8), "expressam menos nossa realidade que nosso protesto contra uma realidade sem alma que nos oprime com esses monstros frios que são os Estados, as instituições, os sistemas econômicos. O valor é menos um reflexo do real do que uma recusa ao real." Nesse caso – poderíamos acrescentar –, ele é ao mesmo tempo guia e motor da transformação do real. No campo da educação, o desabrochar almejado da pessoa tem como sentido a recusa à dominação grupal sobre ela; a criatividade almejada do indivíduo expressa a recusa a seu encerramento tão-somente no rótulo de produtor-consumidor; a convivência construtiva nas relações interindividuais tem como sentido a recusa a uma sociedade competitiva que isole um indivíduo do outro.

Essa vivência pessoal do valor é inseparável do impacto que o grupo exerce sobre ele. Os valores são de essência social. A idéia não é nova. No plano individual, F. Nietzsche (1967) vê sua origem na tendência à própria conservação, que é a *vontade de potência*; no plano social, ele a vê nos limites que o grupo impõe a nossas decisões. Para Durkheim, também (1992b), o imperativo categórico em que consiste fundamentalmente o valor moral é de origem social. Consciência moral e consciência da sociedade são uma única e mesma realidade. Em última análise, a sociedade é para o indivíduo aquilo que um criador é para sua criatura. Para ele, o valor moral é a versão moderna e laicizada do absoluto divino. Toda moral autêntica transcende o indivíduo do mesmo modo como Deus transcende o homem.[20] É no mesmo sentido que Gouhier (citado por O. Reboul, 1992) escreve que "a sociologia é a ciência daquilo que substitui Deus".

O valor tem, pois, origem nas profundezas não-reflexivas do indivíduo e na pressão que o grupo exerce sobre ele. A exemplo dos princípios, não pode ser afirmado com toda a convicção que proporcionaria sua justificação refletida. Essa fragilidade original do valor poderá porventura justificar uma atitude niilista que apresente um mundo sem valores porque sem fundamentos justificadores, um mundo *grundlos*? Todas as situações, todos os comportamentos serão equivalentes? O crime e a boa ação deverão ser ambos vivenciados no magma incolor da mesma realidade? As noções de bem e mal seriam desprovidas de qualquer significado?

Acreditamos que a humanidade não pode prescindir de uma referência permanente aos valores. Toda realidade comporta um valor que faz seu sentido, tanto no plano científico, como no social ou educacional.

Uma pesquisa científica, tanto em nível de princípios quanto de finalidades, supõe certo valor atribuído ao homem que pesquisa e para o qual se faz a pesquisa. Remete a uma concepção de suas condições de vida e, mesmo quando é apenas expressão de curiosidade, supõe uma sede de saber que demonstra a importância atribuída às coisas do espírito. "Toda pesquisa científica", escreve Rudolf Lassahn (citado por Soëtard & Böhm, 1988, p.76), "contém em suas hipóteses e em suas indagações também respostas à pergunta sobre o que é o homem?: o homem constitui aí medida e ponto de referência."[21]

Assim também, uma realidade social é sempre apreendida como portadora de um valor ao mesmo tempo instrumental e

---

20 A posição de Durkheim, nesse aspecto, opõe-se à de J. Piaget, que não reconhece a transcendência dos fundamentos da moral. Ver a respeito J. Piaget, 1932, p.273. Sobre a moral durkheimiana, ver V. Karady, 1970.
21 Tivemos oportunidade de encontrar ponto de vista semelhante em Hannah Arendt e Jurgen Habermas, que, por caminhos diferentes, expressam ambos a inevitável coexistência da verdade e do bem no processo do conhecimento. Cf. H. Hannoun, 1994.

fundamental. Montesquieu já nos lembrou que uma lei só é válida relativamente ao *Espírito das leis*, ou seja, a certa idéia de justiça, portanto de homem. Para além dos valores instrumentais do prazer e/ou do conforto para cujo nascimento no indivíduo concorre, o grupo confere à sua ação um valor relativo a suas representações coletivas do momento. Na nossa civilização judaico-cristã ocidental, por exemplo, é valor fundamental o primado do indivíduo sobre o grupo. Em outros contextos,[22] é o grupo que se transforma em fim, para o qual o indivíduo seria o meio. Todo valor instrumental, por mais restrito que seja seu alcance – um prazer, uma fobia, uma afinidade, um sentimento de aversão, um comportamento de exclusão, uma atitude generosa etc. –, supõe referência a uma idéia da pessoa como valor fundamental. "Não há sociedade, grupo, instituição em que não exista, pelo menos implicitamente, alguma coisa como uma doutrina dos fins e uma filosofia dos valores a partir dos quais se abra a possibilidade de justificação não-hedonista e não-instrumental das atividades humanas", escreve com justiça J.-C. Forquin (1991, p.14). Estamos objetivamente imersos numa realidade portadora de valores significantes de nossa existência individual e social.

Observa-se a mesma onipresença do valor fundamental no mundo escolar. "Os valores estão por toda parte", escreve J. Houssaye (1992, p.137). L. Legrand (1988) confirma, considerando que "toda política educacional enraíza-se na ideologia" (p.8), e que o "liberalismo" que rejeita qualquer referência à ideologia não tem fundamento (p.18-9). Finalidades, objetivos, estruturas, métodos, conteúdos da educação integram-se na idéia que se faz do homem, cuja emergência ela facilita. "Sempre e por toda parte", ressalta ainda J.-C. Forquin (1991, p.26), "a educação supõe essa idéia de desenvolvimento, aperfeiçoamento, realização do indivíduo por meio da iniciação em certas esferas de atividade, em certas 'formas de vida' que representam ... o que é válido ou que 'vale a pena' ser conhecido ou realizado ... Sempre e por toda parte, ela supõe a aplicação

---

22 Ver F. Tonnies, 1944.

de um princípio de preferência, ou seja, uma experiência do valor e a idéia de uma escala de valores."[23]

P. Jackson (1968) estudou o mundo dos valores vivenciados pelo aluno na escola. Observa o enredamento da criança num universo censor em que sua apreciação valorante – positiva ou não – é permanente. Ela deve obedecer a regras porque vive numa coletividade em que há proibições e obrigações. Ademais, encontra-se numa situação em que seu comportamento e seu trabalho é incessantemente avaliado pelos outros, mestre e alunos. Por fim, está sempre sendo submetida ao poder do adulto. É essa situação de valoração, subjacente à vida escolar, que P. Jackson chama de *currículo oculto* do aluno. Esse currículo, além das manifestações episódicas e superficiais (notas, elogios, repreensões, liderança, ser posto no gelo, sofrer gozações, ser saco de pancadas etc.), traz em si valores fundamentais que estruturam as pessoas em profundidade. R. Dreeben (1967, 1968, 1976) e T. Parsons (1959) propõem uma interpretação universalista do "currículo oculto", vendo nele a aprendizagem de regras e normas universais características das sociedades liberais modernas: o valor do trabalho, o prêmio baseado no mérito, a individualização do esforço etc. É em sentido mais conflituoso, porém, que S. Bowles e H. Gintis (1976) orientam sua interpretação. Para eles, as virtudes de pontualidade, obediência e perseverança correspondem às exigências de uma sociedade econômica hierarquizada e fundamentalmente não-igualitária. De qualquer modo, as duas interpretações da vida escolar em sua vivência cotidiana atribuem posição proeminente aos valores fundamentalmente formadores da pessoa.

D. Plunkett (1990), por sua vez, observa a realidade escolar do ângulo de seus objetivos. Segundo Plunkett, ela está sempre imersa num mundo de valores que variam segundo seu contexto político-econômico. Ele descobre valores no mais das vezes pragmatistas quando a escola tem em mira objetivos econômicos em curto espaço de tempo. O valor vivenciado é o da utilida-

---

[23] Sobre a importância dos valores no mundo escolar, ver também R. Peters, 1965, 1966, 1967, 1972.

de e da rentabilidade a curto prazo. O essencial, então, é fazer que cada aluno, ao sair do sistema escolar, seja profissionalmente integrado na vida socioeconômica. Em período de crise (recessão, desemprego etc.), a obsessão do mundo educacional é com os riscos de inadaptação profissional e com a exigência que estes acarretam de que a formação restrinja o indivíduo a uma função mínima, de produtor-consumidor. D. Plunkett nos adverte para os riscos de tal sistema: "Quando se prefere o útil ao bom, o mensurável ao moral e ao espiritual, está na hora de protestar" (ibidem). Opondo-se à exclusividade dos valores de rentabilidade, ele destaca a eficiência dos valores racionalistas que visam ao domínio do mundo por meio do instrumento científico. Pode-se encontrar uma ilustração dessa orientação na perspectiva marxista, que, por sua vez, vai na esteira de um cartesianismo conquistador que visa tornar-se mestre e dono da natureza. Aqui, a referência é feita a valores de satisfação distante, mais que a objetivos imediatos. No entanto, os valores racionalistas tampouco são poupados por Plunkett. Neles, ele recrimina, por um lado, "negligenciar o eu interior, as emoções e o ser físico, reconhecendo-os conceitualmente mas não de maneira experiencial (ibidem), e, por outro, não responder às questões últimas: por que existimos e a que finalidades o universo e seus habitantes são chamados". Segundo ele, em razão da hiperconceptualidade das teses racionalistas surgiram perspectivas que, por oposição, se orientam "para intuições e iluminações provenientes de fontes não-racionais como as artes, a religião e o universo da experiência cotidiana" (ibidem). O não-racional finca assim suas raízes nos exageros da racionalidade. D. Plunkett reconhece, desse modo, a existência de valores holísticos quando a escola preconiza "uma educação não só da inteligência, mas da pessoa inteira: corpo, inteligência e espírito; também da pessoa numa comunidade".

Tal perspectiva é vivenciada por ele como positiva desde que nela se incluam os valores espirituais. Não-racional e racional coabitam, pois, na mesma vivência, tanto quanto, como já vimos acima, o não-sentido dos princípios do pensamento é fundamentador de seu sentido. "O espiritual", escreve Plunkett, "pode ser definido como a fonte do sentido último, da finalidade e da direção na vida ... Engendra o conhecimento não das causas e das explicações, mas das significações e das finalidades que podem inspirar e unificar os valores e os interesses" (op. cit). Assim como nossa vida intelectual cria a coexistência entre extra-razão e razão, nossa vida moral demanda a complementaridade entre uma espiritualidade fundamentadora do sentido e unificadora de nossas ações e uma racionalidade esclarecedora dos caminhos de sua realização. Essa espiritualidade varia segundo seu objeto, de vez que pode referir-se a certo perfil de homem futuro, a uma concepção do mundo desejável, a uma idéia de Deus criador e próvido, à afirmação de um destino humano etc. Seja qual for seu conteúdo, a referência a um valor portador de uma significação da existência humana é imprescindível se admitirmos que toda educação autêntica exige a visão mais ou menos clara – ou a vivência – de suas finalidades, portanto dos valores que ela tenta realizar.[24]

Pode-se assim afirmar que todo educador assume uma das duas atitudes possíveis: é crente ou descrente. É crente se segue por uma trilha que escolheu, naquela em que acredita, mesmo que não tenha traçado totalmente seu percurso. Por certo justificará sua ação lançando mão por algum tempo de argumentações racionais, mas cujos fundamentos terão a inevitável fisionomia de princípios extra-razão, de valores não demonstrados mas simplesmente propostos. Esse educador crente *demonstra* a justeza dos meios de sua ação mas *crê* no real fundamento das finalidades a que visam. Quer esses valores se insiram numa abordagem teológica do mundo, de respeito aos direitos do homem com ou sem Deus, de um ideal político ou de uma visão da evolução geral do cosmos, o princípio inicial é proposto e reivindicado num ato de fé. As orientações morais e educacionais não nos parecem cindir-se de maneira maniqueísta em dois grupos, um que afirme a preponderância de um texto revelado de

---

24 É nessa perspectiva que se pode entender a posição de A. N. Messara (1988), ao achar surpreendente que "a educação, em vários países ocidentais e orientais, continue a alijar as religiões da atividade educativa ou a restringi-la a cursos religiosos especiais ou à história antiga, mas ignorando-as deliberadamente nas aulas de história, literatura e de formação moral e cívica".

origem divina, outro que apreenda um mundo que exclua qualquer presença sobrenatural. Essas orientações distinguem mais – repetimos – os crentes, por um lado, dos descrentes, por outro. Os primeiros assumem conscientemente um princípio não demonstrado, fundamentador não fundamentado de um modo de vida e de pensamento, num ato de fé de ordem política, metafísica, religiosa, artística, humanitária etc. É sobre tal princípio – cujo caráter ao mesmo tempo absoluto e evolutivo já ressaltamos – que esse crente constrói seu comportamento de homem e de educador. Ele pensa e age a partir daquilo em que crê. O rio de seu raciocínio tem nascente no estrangeiro, num mundo fora da razão. Diante dele, o descrente tem duas fisionomias possíveis, a do sonhador ou a do inconsciente. O sonhador é filho do niilismo: não faz nada porque não crê em nada, porque, para ele, ou só o real está demonstrado – e por isso ele rejeita o não-demonstrado –, ou os valores são equivalentes, o que significa negar sua existência. Mas o descrente pode, também, ter a fisionomia de um homem de fé, inconsciente de sua fé. Ele age, no mais das vezes com total e tranqüila convicção, sem se aperceber de sua fragilidade. É um dogmático. O descrente é paralítico por cepticismo e/ou cego por ignorância. O crente, por sua vez, é um homem que ao mesmo tempo age e vigia: baseia sua ação em princípios que sabe serem, ao mesmo tempo, verdadeiros e evolutivos.

Vejamos alguns exemplos. Para L. Legrand (1988), os fundamentos ideológicos da educação apresentaram nas últimas décadas essencialmente quatro aspectos: religião, positivismo, marxismo e nazismo. Em cada caso, constata-se uma argumentação justificadora de certo tipo de ação educacional. Mas as justificações baseiam-se em princípios diferentes. O educador religioso fundamenta sua reflexão na existência de Deus como inspirador de textos sagrados; o educador positivista propõe – sem estar em condições de demonstrar, como vimos – o valor fundamental da ciência e de seu instrumento racional; o educador marxista justifica suas orientações educacionais a partir da existência de uma sociedade de classes cuja evolução leva ao seu desaparecimento; o educador nazista, por sua vez, baseia sua reflexão na afirmação de que a humanidade está dividida em dois grupos antagonistas, os *Ubermenschen*, os homens fortes, superiores, e os *Schwächenmenschen*, os fracos, os sub-homens. Cada princípio é proposto, não demonstrado. As demonstrações – por vezes até rigorosas – de cada sistema baseiam-se no não-demonstrado.

Para O. Reboul (1992) o valor, tanto no plano moral quanto no da educação, é uma afirmação não fundamentada fundamentadora do sentido do ato. Os valores hedonistas vinculados ao prazer e à satisfação imediata dos desejos fundamentam um comportamento moral e educacional desde que reconhecido – mas não fundamentado – o primado do corpo presente como referente da ação. Os valores utilitários são, também, amplamente utilizados como possíveis fundamentadores da ação. "Conhecer é compreender tudo em favor de nossos interesses", escreve Nietzsche (1938). Neste caso, é suposto – sem ser demonstrado – o primado do valor de utilidade sobre o valor moral, ou seja, o de *ter* bens e saberes sobre o *ser* da pessoa. Esse critério de utilidade, por sua vez, apresenta dois aspectos: a utilidade pessoal e a utilidade coletiva. Assim, para R. Barrow (1976) ou para K. Baier (1971), o critério fundamental da ação e da educação, numa perspectiva benthamiana, situa-se na busca da maior felicidade possível para o maior número de pessoas, portanto em nível de utilidade coletiva. Para J. White (1973), ao contrário, a preservação da pessoa individual é o valor justificador do comportamento. É fácil perceber que o primado do grupo e o do indivíduo como fundamentos da ação educacional sempre constituem posição de princípio, e não conclusão de um raciocínio, sempre com base numa vivência imediata mais que numa conceituação claramente apreendida. Para P. W. Musgrave (1978), os princípios de nossa ação devem levar em conta suas conseqüências sobre o outro, o que supõe o valor inicialmente proposto de respeito à pessoa e aos direitos do homem em geral. Ora, a própria referência aos direitos do homem remete a um fundamento prenhe de evidência existencial, de vida e autoconservação. "Em última instância", escreve a respeito V. Jankelevitch (citado por F. Audigier, 1991, p.41), "acima de qualquer argumentação, escolher os direitos do homem é escolher o ser e a vida contra a morte". É verdade que O. Reboul reivindica do mesmo modo a existência de valores universais (intelectuais, éticos e estéticos) como fundamentos possíveis da educação, mas reconhece que o sistema educacional que eles justificam é construído a partir do sentido fundamentador não fundamentado das noções de verdade, bem e belo. Finalmente, os valores religiosos e metafísicos de salvação implicam pressupostos teológicos (existência de Deus, imortalidade da alma, cf. os postulados kantianos da moral) ou metafísicos (lugar do homem no Ser).

Os sistemas de moral e educação inserem-se, pois, no contexto traçado desde logo pelos princípios de que procedem. Seu sentido não reside tanto nas argumentações ou demonstrações que demarcam seu trajeto quanto na orientação global em que são mais ou menos encerrados pela escolha inicial de um valor fundamental. Logo, a ação do educador tem o significado dado pela idéia que ele faz de suas finalidades, portanto do tipo de homem cuja emergência ele tenta facilitar. Toda educação é relativa a certa idéia de homem. Nossa civilização tornou-se, assim, a civilização do relativismo moral, portanto do relativismo educacional. Retomando a terminologia kantiana, diremos que cada sistema de moral ou de educação tem a dignidade do valor que o fundamenta, e que a fonte deste está num mundo insondável.

Esse relativismo dos valores não é coisa nova em nossa civilização ocidental. No plano filosófico, a Antigüidade grega nos dá um exemplo nos escritos dos sofistas (Protágoras de Abdera, Górgias de Leôncio ou Hípias de Élis), aos quais Platão responde no diálogo de mesmo nome. Nada para eles é absolutamente verdade ou bem, visto decorrer de um princípio (ou de um valor) que não se fundamenta em nada de exterior. As conseqüências dessa ausência de fundamentos exteriores são importantes. Com respeito, por exemplo, à linguagem, o relativismo assume aspecto de convencionalismo: a palavra não reflete o objeto que denomina; é aquilo que os homens convieram utilizar para designá-lo. No campo político, nenhum valor prevalece sobre outro; as doutrinas se equivalem, visto que todas se fundam sobre valores não fundamentados. Entre liberalismo e despotismo, nenhum é melhor que o outro. A única maneira de discriminá-los corresponde a um comportamento pragmatista: a boa política é aquela que permite realizar o objetivo previsto, seja qual for, em última análise, a imagem do homem para a qual tenda. O critério de validade nesse caso vai ao encontro de um projeto e de sua realização. Em história, a sobrevivência social toma o lugar do juízo moral. O bom regime político é aquele que perdura. O essencial, para a sofística, está na negação de qualquer transcendência em relação à vivência, de qualquer valor superior às coisas humanas, de qualquer censor do homem que esteja acima do homem. Não há valor-árbitro. Todos os valores são iguais. O valor das coisas do mundo lhes é imanente. É a isso, como se sabe, que Sócrates e Platão retorquem, lembrando que "a divindade é a medida de todas as coisas" (Platão, Leis, 716c). O Bem do mundo é uma norma que o transcende. É um outro olhar, que não o nosso – ideal, moral, político etc. – que pode apreciar o sentido e o real fundamento de nosso comportamento. Os valores não são verificados; são confrontados com essa norma.

O relativismo procede, ademais, de uma dimensão sociopolítica. Em nossa época, E. Durkheim insistiu essencialmente nesse aspecto da questão, desabonando assim qualquer tentação de despotismo intelectual que pretendesse erigir em verdade absoluta uma asserção humana inevitavelmente relativa. Steven Lukes (1973, cap.21) lembra o fundamento do pensamento durkheimiano em matéria de moral: "fatos morais são fatos sociais". O que quer isso dizer? Nesse princípio Durkheim baseia, ao mesmo tempo, sua recusa ao individualismo e sua afirmação do relativismo. Em primeiro lugar, para ele, não pode haver vida moral na solidão. "A moral começa onde começa a vida em grupo", escreve ele (1974, p.71). Outrossim, vida moral é superação de atitudes egocentristas, superação do eu em direção ao outro. "Agir moralmente", diz ele, "é agir tendo em vista o interesse coletivo" (1963, p.63). Superação, portanto, da dimensão individual da existência, certamente, mas isso se paga com a relatividade dos valores: afastamo-nos da certeza dada pela vivência pessoal e afundamos nas sombras da alteridade insondável. De fato – lembra S. Lukes –, em Durkheim os fatos morais, inseridos necessariamente no espaço e no tempo, variam conforme seus contextos sociais. O que é moral numa tribo ameríndia não o será numa cultura das costas do Mediterrâneo; o que a ideologia nazista tenta justificar não poderá ser justificado no seio de uma ideologia baseada no respeito aos direitos do homem etc. Ademais, o impacto social, no nível dos mitos e dos ritos de que nosso contexto está impregnado, não apresenta, durante sua evolução, os mesmos conteúdos: os deveres para com a criança, a mulher, o idoso, o estrangeiro etc. não são vivenciados do mesmo modo nos diferentes momentos da mesma cultura.[25]

O problema do relativismo moral e educacional – é bom frisar – parece-nos exigir um aclaramento que possibilite evitar os comportamentos niilistas de desistência moral por ausência de reflexão fundamentadora confiável. Se o relativismo moral e educacional fosse inevitável, as fontes ideológicas de nossa ação de educadores seriam então "variáveis, logo relativas, logo arbitrárias", escreve O. Reboul (1991, p.5); "tais seriam nossos valores, assim como todos os valores...". Faço o que quero, no âmbito do sistema de educação que decidi, sem precisar ir muito longe em minha reflexão, pois, seja como for, todos os sistemas se equivalem, visto que seus princípios fundamentais são não justificados ou são mesmo injustificáveis. E é em nome desse relativismo que sou levado a tomar "o conhecido pelo racional, o hábito pela certeza", nota com justiça O. Reboul (op. cit., p.8). Ademais, o arbitrário, filho do relativismo, é duplo: é, ao mesmo tempo, egocentrismo e etnocentrismo: é, em mim, produzido pelo filtro que me faz viver *meus* valores como *os* valores; no nível do meu grupo, é fruto das normas em razão das quais a *verdade do lado de cá dos Pireneus* é *erro do lado de lá*. Aí o valor não é mais só meu, mas o de meu grupo cultural. São atitudes de exclusão, xenofobia e mesmo de racismo, explicadas pelo fato de que "os bons não gostam que a gente siga o caminho que não é deles", como adverte Paul Valéry. Relativismo generalizado, pois que se manifesta em todos os níveis de nossa vivência individual, como apontam Hollis e Lukes (1982); no nível moral, está claro, mas

---

25 Ver a respeito J. Houssaye, 1992, p.223.

também nos níveis perceptivo, conceptual, no nível da verdade sobre as coisas e mesmo no de nossas estruturas racionais.

S. E. Nordenbo (1978) esboçou um quadro sintético do relativismo moral e educacional. Identifica três características:

- No plano descritivo: as diferenças que dividem os indivíduos em termos de juízos e apreciações sobre o mundo têm origem, ao mesmo tempo, em suas características individuais e nas estruturas de seu meio.
- No plano normativo: o justo, o bom, o belo variam conforme o indivíduo, a cultura e a situação. Todo juízo é normativo.
- No plano metodológico: não existe nenhum critério ou método capaz de dar fundamento de necessidade a um valor qualquer.[26]

Três reações são possíveis em face do relativismo moral e/ou educacional. A primeira é de conformismo: há aceitação das normas grupais do momento com submissão a suas exigências ou simplesmente com omissão de questionamento. Para além da diversidade de valores, adoto aqueles que estão sendo praticados no meu contexto cultural, sem me questionar demais sobre o fundamento deles. Minha própria cultura me oferece valores que me parecem "funcionar" em termos de meu conforto e de minha existência em geral. Por que mudá-los? A significação real desses valores não está em xeque. O que importa é apenas sua eficácia.

A segunda atitude possível em face do relativismo cultural – moral e/ou educacional – reside, como já entrevimos, no niilismo. Nenhum valor é preponderante nem transcendental. Essa atitude vai "precipitar nosso homem na opinião de que isto por nada pode ser chamado de belo mais que de feio, o mesmo ocorrendo em relação ao justo, ao bom e a tudo o que ele considerava mais respeitável" (Platão, República, VII, 538). Nada é absolutamente digno de louvor ou de reprovação. Tudo se equivale, pois a norma do bem, que permitiria dar fundamento às coisas, se esfuma no infinito das cadeias justificativas.

---

26 Sobre o relativismo moral e educacional, ver também M. J. Herskovits, 1965 e 1948 e O. Reboul, 1989, p.98-101.

Por fim, uma terceira atitude em face do relativismo moral e educacional é a do universalismo. Para além dos valores particulares de cada indivíduo (egocentrismo) ou de cada grupo (etnocentrismo), haveria um – ou vários – valor(es) que os transcende(m), elevando-se a uma dimensão universal. O valor transcendental não fundamenta a ação apenas do indivíduo ou do grupo que o adota, mas a da humanidade inteira.

A atitude conformista, em suas implicações próprias, foi a dos sofistas da Antigüidade grega, e sabe-se qual a resposta que Platão lhe opôs.

O niilismo fez a glória de correntes irracionalistas que, de Dostoievski a Kafka, ou mesmo de Gide a Sartre, tentaram denunciar qualquer pretensão do pensamento humano de fundamentar e discriminar os valores.

Parece que em nossa época ocorre um retorno à exigência de universalismo como única atitude capaz de evitar a dúvida relativista. A justificação de nossas ações não estaria à mercê de uma bóia salva-vidas balançando ao sabor de uma atualidade sociocultural aleatória, mas poderia basear-se em valores universais situados acima das marés da existência.

Assim, já durante a Revolução de 1789, é nessa universalidade – sobretudo naqueles tempos conturbados! – que Condorcet baseia os princípios da sociedade com que sonha. "Nem a constituição francesa, nem mesmo a declaração dos direitos serão apresentadas a qualquer classe de cidadãos como tábuas descidas do céu que devem ser adoradas e nas quais se deve crer. ... Esta declaração dos direitos que vos diz ao mesmo tempo o que deveis à sociedade e o que tendes o direito de exigir dela, esta constituição que deveis conservar mesmo à custa de vossa vida, são apenas o desenvolvimento dos princípios simples ditados pela natureza e pela razão, cuja eterna verdade aprendestes a reconhecer nos vossos primeiros anos de vida" (Condorcet, citado por F. Audigier, 1991, p.40). E. Durkheim, por sua vez, acima do relativismo social que afirma haver em nossos comportamentos, ressalta a necessidade de uma referência universal, sem a qual esses comportamentos perderiam sentido. "Quanto mais se avança na evolução", escreve ele (1990a, p.107), "mais se vê o ideal perseguido pelos homens distanciar-se das circunstâncias locais e étnicas próprias, em tal ponto do globo ou em tal grupo humano, elevar-se acima de todas essas particularidades e tender para a universalidade."

Por sua vez, O. Reboul nota que o conformismo e o niilismo podem desembocar numa *selva* sem regra, logo sem humanidade. "Uma sociedade não pode prescindir desses valores", escreve ele (1991, p.6). "Se os homens cedessem sempre ao medo, se só a violência regesse suas relações, se eles não respeitassem juramentos nem contratos, se fossem incapazes da menor generosidade, sequer uma sociedade de bandidos seria possível."

Forçoso é, pois, reconhecer que o relativismo moral não é vivível: por um lado, nossa ação é inevitável como reação ao mundo; por outro, não podemos realizá-la sem lhe dar um sentido, por mais restrito que seja. O relativismo educacional, do mesmo modo, não é sustentável: por um lado, estamos condenados à educação (voltaremos a isso); por outro, não podemos educar sem nos referir a certa idéia de homem, por mais confusa que seja. Portanto, existencialmente, estamos na obrigação de propor valores universais acima dos valores particulares egocentristas e etnocentristas de nossa vivência. Estamos condenados a ser criadores de valores universais porque niilismo e conformismo são negadores de uma humanidade responsável. Mas devemos continuar conscientes de que esses valores são propostos, ao mesmo tempo, *na razão* e *fora da razão*. Racionalmente, precisamos de sua não-racionalidade como fundamento de seu sentido. Assim, devemos agir *como se* (*als ob*) os valores universais existissem como "metavalores". "Tudo ocorre como se o reconhecimento da pluralidade das racionalidades ... supusesse em nível mais profundo a unidade e a universalidade da razão ... Nem todos os valores, nem todos os costumes, nem todas as expressões culturais podem ser considerados igualmente válidos, igualmente aceitáveis como objetos de ensino no seio da escola multicultural ... Trata-se ... de encontrar espécies de 'metavalores', critérios de escolha realmente fundamentais que só podem ser ... critérios de funcionalidade, de racionalidade e de universalidade propostos em referência à formação dos indivíduos como pessoas, como trabalhadores e como cidadãos" (J.-C. Forquin, 1991, p.20-5).[27] O valor universal é o fundamento não fundamentado de nossa ação, sem o qual a existência humana se dissolveria num processo in-sensato de entropia generalizada. Precisamos da não-razão para viver racionalmente.

Contudo, a abordagem universalista do comportamento moral ou educacional não deixa de ter certas dificuldades. Porventura não é tentador, cômodo e freqüente vestir particularismos culturais ou pessoais com os ouropéis enganadores do universalismo? A idéia de respeito ao homem que ilustra meu comportamento de homem e de educador não será na realidade a idéia cujo modelo me é dado pelo meu grupo sociocultural? Todo valor se insere num contexto cujas exigências reflete, pelo menos em parte. T. Parsons (1951) estabelece uma relação entre o pluralismo particularista da ideologia reinante no século XIX e as estruturas econômicas manufatureiras do momento, ao passo que a referência atual ao universalismo se enquadraria na realidade de um século XX de estruturas econômicas de tipo industrial mundial. Os referenciais morais e educacionais não seriam, por isso, os modelos teóricos produzidos por um contexto valorizado *a priori*? Hollis (1970 e 1982) e Lukes (1970, 1973a, 1982), porém, exigem do valor universal, ao mesmo tempo, coerência interna e, principalmente, uma verificabilidade empírica que o tornaria relativo no campo em que fosse posto em prática.

A expressão do universal insere-se, pois, num contexto espácio-temporal... que leva à perda de sua universalidade.

Parece-nos que o problema da universalidade dos valores não poderá ser resolvido se persistirmos em situá-lo no nível do *ser*, e não no do *dever-ser*. "O universal", escreve com justiça O. Reboul (1991, p.10), "não é uma questão de fato, mas uma questão de direito." Se uma experiência está necessariamente situada no espaço e no tempo, não pode, por isso mesmo, pretender universalidade e perenidade, que negam qualquer redução espácio-temporal. A universalidade não é do mundo do ser, se é

---

27 Sobre a abertura do relativismo moral para o universal, ver também P. Zec, 1981 e D. Cooper, 1980.

que todo ser é situado e datado. Ao contrário, ela pode ser vislumbrada no mundo do valor, do dever-ser: o universal não é e não pode ser um estado vivido, mas um valor para o qual se pode tender. É um farol que ilumina nossos rumos e que, para orientá-los e justificá-los, deve transcendê-los. Não pode estar em nós, mas fora de nós.

Estamos, pois, diante de uma alternativa: ou tentar expressar o valor universal, que para uns será um dogma que se pretende definitivo e para outros um princípio autopoético e evolutivo, ou então privar-nos de sua clareza numa existência sem significação. À imagem da estrela que, do alto dos céus, teria guiado as peregrinações dos hebreus pelo deserto do Sinai, a essência do universal está em ser um horizonte significante. Como tal, é aquilo que nunca se atinge definitivamente, porque, nesse caso, ele se faria significado de outro significante, de outro horizonte para o qual ele nos faria tender novamente.

Façamos uma retrospectiva. A análise dos princípios da reflexão racional revelou que ela não participa de modo algum da construção de uma convicção profunda sobre a verdade deles. Convicção e dúvida coabitam na apreensão teórica das coisas e das pessoas. Assim também, no plano axiológico, constatamos que o relativismo moral – e educacional – nos condena a fundamentar nossa ação num conformismo estranho a qualquer pensamento crítico, portanto a uma real convicção possível, ou num niilismo negador, por princípio, de qualquer certeza, ou ainda num universalismo proposto como um dever-ser suposto ou esperado, motor de ação mas inverificável em seus fundamentos.

Em tais condições, que mecanismos mentais, psicológicos e/ou psicossociológicos podem dar credibilidade a determinado comportamento moral ou educacional? Que motivos, que argumentações podem prevalecer na justificação dos pressupostos cuja importância na origem do pensamento e da ação educacionais nós já vimos? A educação estará condenada a basear-se em suposições incapazes de sequer chegar a ser sombra de certeza? Seria ela – repetimos – a estátua de bronze com pés de barro que assombrou o sonho de Daniel?

Neste momento propomo-nos mostrar em que medida a justificação de um pressuposto teórico e de uma ação – moral e/ou educacional – não pode ser apenas resultante da reflexão – racional ou não. A análise do processo de cognição põe à mostra o papel nele desempenhado pelo impacto do grupo e pela inserção do pensamento num "sistema-pessoa" em que coabitam móbeis e motivos, afetos e conceitos. Nesse sentido, caberá mostrar que toda decisão, toda deliberação, interpondo-se entre a reflexão e a ação por ela motivada, implica uma ruptura por meio da qual quem decide escolhe-se a si mesmo ao escolher o pensamento que adota ou o comportamento que assume. Os estudos sobre o comportamento moral parecem confirmar essa constatação.

J. Piaget (1932) situa a evolução do comportamento moral num processo segundo o qual a criança – depois o adulto – passa do estágio de egocentrismo para o de cooperação com o outro, de um estágio em que a regra é ignorada para outro estágio em que é vivenciada como intangível, como decisão do adulto, para aparecer enfim como modificável à medida que se dá a autonomização da pessoa. Em suma, para Piaget, nosso comportamento evolui – ou deveria evoluir – de comportamento heteronômico baseado na coação para uma atitude autônoma construída a partir da consideração pessoal dos valores da ação. Após a submissão às coisas e às pessoas, vem o tempo da escolha de si. A posição de Laurence Kohlberg (1976), em suas grandes linhas, não está muito distante das teses piagetianas. Nosso comportamento moral atravessa três períodos. Ao primeiro daremos o nome de período de "medo do guarda". Nenhum valor ilumina nossa ação, cujo móbil se reduz à busca egocentrista do prazer e à fuga à dor. A persecução do interesse imediato é o motor da ação. Depois vem o tempo de "o que vão dizer disso?"; o indivíduo não tem outra preocupação senão a de se conformar aos usos, mitos e ritos de seu *corpus* social. Ele já não busca só o prazer, mas ser aprovado pelos outros. O aparecimento de outrem em seu universo é contemporâneo ao da disciplina e da preocupação com a reputação. Por fim, vem o terceiro período, o da autonomia, em que o indivíduo se liberta do peso do grupo para basear seu comportamento numa adesão pessoal a certos valores.

Verifica-se que, em Piaget como em Kohlberg, uma fase é sempre preponderante: em dado momento, entre os valores que encontra no campo de sua existência, o indivíduo escolhe aqueles que vão tornar-se seus. A pessoa autônoma para a qual emergem os dois processos descritos é a pessoa que toma decisões. Esse decididor será o primeiro ponto de partida do projeto decidido? E, nele, o que decide? Será apenas sua reflexão? É pouco provável. Por um lado, esta, no mais das vezes, é insuficiente para levar ao destino o trem dos motivos da ação; por outro, é inseparável do impacto do grupo sobre ela e de suas interferências na bioafetividade da pessoa. A convicção pessoal baseada apenas na apreensão inteligente dos motivos da ação parece um engano. Por quê?

Um juízo, uma crença, uma opinião supõem como antecedentes duas fases: a primeira consiste na representação do conteúdo por afirmar – ou negar –; a segunda, na decisão mesma da afirmação – ou da negação. Já é aquilo que Cícero (1962, II, caps. XI e XII, p.203 e 205) denominava, por um lado, *visum*, o que se vê, a representação do conteúdo do juízo que, em si, não comporta nenhuma verdade, e, por outro lado, a *fides*, a crença, o crédito dado – ou recusado – ao *visum*. O problema suscitado por essa análise é o da relação existente entre o *visum* e a *fides*. Que tipo de *visum* pode tornar inevitável a *fides*? Mais particularmente, poderá haver alguma relação de necessidade entre a representação-reflexão e decisão-crença?

Um primeiro elemento de resposta nos é dado por R. Descartes (IV Med., 1963, p.304-5): "Acho que eles – os erros – dependem do concurso de duas causas, a saber: da faculdade de conhecer que está em mim e da faculdade de eleger meu livre-arbítrio, ou seja, do meu entendimento e do conjunto de minha vontade. Pois apenas pelo entendimento não afirmo nem nego coisa alguma, mas concebo somente as idéias das coisas que posso afirmar ou negar ... Ora, essa faculdade do livre-arbítrio (ou vontade) consiste apenas em que, para afirmar ou negar, buscar ou evitar as coisas que o entendimento nos propõe, agimos de tal modo que não sentimos que nenhuma força exterior nos obriga a tal". Em outras palavras, segundo Descartes, em toda deliberação, a conclusão não decorre apenas da clareza à qual chegaria a reflexão que a precede, mas da vontade que terá decidido afirmar – ou negar – a verdade ou o valor do juízo proposto. Verdade e valor não são deduzidos, mas decididos. É verdade que a clara reflexão desempenha algum papel na opção do indivíduo por certo comportamento, certa concepção do mundo, certo agir moral, social ou político. Essa reflexão não é, porém, determinante: no seu termo, é a vontade que decide da conclusão por ser dada. À reflexão, sozinha, falta alento para percorrer a totalidade do caminho que leva à decisão e à ação. É a vontade que percorre seus últimos metros.

É tão pouco determinante a reflexão pessoal no desencadear da decisão e da ação quanto são indeléveis – repetimos – as marcas do impacto grupal. Nosso pensamento pessoal está imerso num sistema de mitos, ritos, hábitos sociais e arquétipos, em virtude dos quais o "eu" de nosso discurso está sempre em interação com um "nós" onipresente. Eu penso de acordo – ou em desacordo – com o que o grupo a que pertenço autoriza e/ou proíbe. Nosso juízo moral desde logo se insere em nosso "sentido moral", que é uma faculdade imediata, não inata, é certo, mas sub-repticiamente adquirida, que nos faz, espontaneamente, viver mais que pensar o valor de nossa ação. Nossa moral pessoal expressa-se no contexto de uma moral de grupo, esse "conjunto de disposições dominantes que são ordenadas de maneira permanente como sentido de justiça ou amor à humanidade", escreve a respeito J. Rawls (1987, §73). No mesmo sentido, O. Reboul (1989, p.11-2) nota que temos tendência a fundamentar nossos valores "a partir daquilo que, segundo opinião geral, não se pode querer, daquilo que ninguém reivindicaria como objetivo educativo ...".[28] Construímos nosso pensamento – acrescenta ele adiante – "com base num consenso que é de uma sociedade e de uma cultura, cuja universalidade nada prova ... De fato ... sabemos (talvez) o que pensamos, mas sem legitimar". Em tais condições, é difícil afirmar a origem pessoal de um valor moral, educacional, social, político etc. Poderemos então estar convencidos de um pensamento ou de um valor sem aderir pes-

---

28 Convém acrescentar à constatação da origem grupal de nossos valores o impacto familiar que muitas vezes é um elemento preponderante. Ver a respeito J.-M. Gingras-Audret, 1981.

soalmente a seu conteúdo? É negativamente que responde G. Steiner (1988, p.52) quando escreve que os juízos de valor, "o bom senso cultivado ... são um processo ideológico, reflexo das relações de força no interior de uma cultura e de uma sociedade. A pessoa culta será porventura aquela que se harmoniza com os reflexos de aprovação e de satisfação estética que a tradição dominante lhe sugeriu e tornou exemplares?" Perceberemos, adiante, que, embora o educador não possa, evidentemente, ser joguete passivo da tradição dominante, sua inserção no grupo não deixa de marcar-lhe indelevelmente o pensamento e a ação. Isso ficará patente se ele adotar as normas das estruturas educacionais vigentes. Mas, se contestar seus reais fundamentos, ele adotará, diante de seus educandos, uma atitude que será marcada pela oposição à tradição dominante.

O "eu penso" cartesiano, como reflexão pessoal fundamentadora de convicção, não considerou, portanto, o impacto do grupo no ato de pensar. Ademais, o sujeito desse pensamento não é apenas pensante: é ao mesmo tempo atuante, vibrante, memorizante, ou, em outros termos, o pensamento se insere num "sistema-pessoa" feito, ao mesmo tempo, de cognição e de pulsões bioafetivas estimuladoras ou inibidoras de ação. O decididor do juízo ou da ação é um ser vivo em toda a complexidade desse termo. E aqui não estamos distantes da análise da pessoa humana que se encontra no pensamento judaico da era de ouro (séculos XI-XII). O homem é feito de carne (em hebraico: *bassar*) e de um espírito (em hebraico: *ruah*), graças ao qual ele participa do mundo das essências. Mas a pessoa humana, que está inserida na existência cotidiana, é chamada de "alma vivente" (em hebraico: *nefesh haia*), complexo no qual coexistem de modo inseparável carne e espírito, afetos e conceitos, vivência e pensamento...

Toda afirmação, toda decisão, toda convicção provocadas pela certeza quanto ao objeto – sobretudo quando se referem ao mundo do humano – não podem ser produtos de um único componente da pessoa, mas do "sistema-pessoa" ou *nefesh haia*. No mundo do humano, "essa certeza é dita moral, primeiro porque tem como objeto uma realidade moral, e depois – e principalmente – porque requer condições morais ... no caso, a busca da verdade deve dar-se na ação e na vivência, porquanto pensamento..., evidência e adesão se supõem reciprocamente" (E. Leroy, 1929, p.127-8). Mais próximos de nós, dois grandes nomes lembram essa interferência dos componentes da pessoa. Em primeiro lugar, Henri Bergson e sua célebre definição de liberdade como expressão da pessoa total (1967, cap.3, p.129): "Somos livres quando nossos atos emanam de nossa personalidade inteira, quando a exprimem, quando têm com ela a indefinível semelhança que às vezes se encontra entre a obra e o artista ... E como houve quem se deleitasse em cindir a pessoa em duas partes para considerar separadamente ... o eu que sente ou pensa e o eu que age, haveria alguma puerilidade em concluir que um dos dois eus pesa mais que o outro". Excepcional liberdade que implica, no instante do ato livre, a síntese harmoniosa – e tão pouco freqüente – da pessoa!

Em contexto bem diferente, C. Lévi-Strauss (1973, p.346) faz a mesma constatação ao lembrar que "a sabedoria é uma virtude equívoca que está ligada, ao mesmo tempo, ao conhecimento e à ação, mesmo que diferindo radicalmente de ambos, se tomados em separado". Voltaremos a isso adiante, quando tratarmos da inelutável ligação entre pensamento e ato na pessoa. Cumpre, porém, ressaltar desde já que, a despeito das divisões e cisões que a inteligência analítica pode – e deve – fazer da pessoa, esta continua sendo um todo, e é só esse todo que pode explicar a ação.

Assim, na decisão e na ação humanas conscientes, em matéria de educação como em qualquer outro domínio, intervêm ao mesmo tempo, no plano da pessoa, os motivos de uma reflexão – que respeite ou não as estruturas do raciocínio – e aquilo que chamamos de "vontade", a saber, o conjunto das causas bioafetivas, conscientes ou não, que constituem seus móbeis. Não levar em conta esses móbeis é isolar o pensamento numa esfera de pureza mental que não tem exemplo na realidade. Decidir nunca é o produto lógico apenas do raciocínio, por mais coerente. A deliberação efetivamente vivenciada pela pessoa antes de sua decisão é sempre um sistema em que coexistem os fatores pessoais (bioafetivos, inconscientes, mentais) e os fatores ambientais, conscientes ou inconscientes. Um educador terá sempre a possibilidade de justificar seu comportamento com argumentações eruditas, baseadas numa análise elaborada de sua ação. No entanto, a seus argumentos sempre se somarão os fatores não reflexivos que o fazem aderir afetivamente, logo efetivamente. O educador consciente e responsável é aquele que, ao mesmo tempo, tem *razões* e *vontade* de pensar e agir como age.

Há, pois, entre pensar e agir um hiato em virtude do qual um deles não se pode reduzir ao outro nem decorrer exclusivamente do outro. A reflexão, por mais avisada que seja, não é fonte de tudo. Entre ela e o ato que a exprime, há uma diferença qualitativa em virtude da qual a ação não é uma decorrência fatal. Reflexão e ação são ambas componentes antagonistas e (às vezes) complementares da pessoa cujo sistema constroem.

É conhecida a célebre observação de Ovídio: "Vejo e aprovo o que é melhor, e faço o pior".[29] Pensamento e ação dizem respeito a dois mundos cujos motores e referentes são distintos. O pensamento que pretende determinar-lhe as formas muitas vezes dá origem a uma ação que as supera ou as transforma. Nem sempre faço o que penso em fazer. Já na Antigüidade grega Aristóteles (Retórica, 1354a, 26) notava que "não se deve perverter o juiz ... pois isso seria falsear a regra que deverá ser utilizada". Em outras palavras, a passagem da abordagem necessariamente geral (pelo pensamento do juiz) de um princípio à sua realização prática, logo particular (no nível da sentença proferida), dificulta a filiação sintética desses dois momentos. A perversão do juiz pode pôr em xeque a validade da regra. Assim também, o fazer da vida moral ou educacional está ligado a uma casuística particularista – preciso resolver tal problema de didática, diante de tal grupo de alunos, em tal momento do ano etc. –, ao passo que a teorização da didática que ela implica pode, é certo, esclarecer-me, mas, por ter caráter inevitavelmente geral,

---

29 Essa afirmação remete à corrente oposta, tanto na Antigüidade como na modernidade. Se, para Sócrates, "ninguém é mau voluntariamente", é porque basta perceber o bem com toda a clareza possível para realizá-lo. Mais próximo de nós, observa-se a mesma atitude em B. Espinosa, para quem é necessário o elo entre o pensamento verdadeiro e a ação boa que o exprime. Ver a respeito, em particular, H. Hannoun, 1995, p.57-69.

não pode levar em conta os elementos particulares da situação que vivo efetivamente. De modo mais geral, que relação haverá entre minhas convicções teóricas de educador e o comportamento que vivo aqui e agora ao lado deste aluno em particular? Não haverá em minha atuação uma orla de sombra que fragmenta os limites de meu pensamento, escapando a qualquer justificação que se pretendesse exclusivamente lógica ou simplesmente reflexiva? E, nesse caso, qual seria sua origem? Seria esse livre-arbítrio que Leibniz já dizia escapar a qualquer fundamento racional?

Para G. Steiner (1988, p.55), decisão e ação não são provocadas por fatores racionais. Na descoberta de um texto, escreve ele, "a atribuição de sentido, a preferência de uma leitura possível a outra, a escolha de uma explicação, de uma paráfrase em vez de outra, tudo isso nada mais é que a escolha ou a ficção lúdica, instável, indemonstrável de um escrutador subjetivo que constrói e desconstrói referenciais puramente semióticos, conforme lhe ordenam fazer seu prazer do momento, sua política, suas necessidades psíquicas ou suas ilusões pessoais. Não há nenhum método de decisão pessoal...". Diante dos intelectualistas que vêem o motor essencial da ação na força da evidência com a qual ela é projetada, Steiner adota a opinião inversa, que nega qualquer participação da reflexão racional em seu desencadeamento.

Essa posição é, porém, contestada pela escola do empirismo lógico, com C. Hempel (1965), R. Brandt e J. Kim (1963) ou P. Churchland (1970). Para estes, o processo da ação apresenta dois níveis de explicação: o do explicante, conjunto dos fatores iniciadores da ação que forma a "proposição *explanans*" (do latim *explanare*: explanar, explicar), e o do que deve ser explicado, de seu descritivo atuado, que forma a "proposição *explanandum*". Entre esses dois pólos, existem leis que permitem realizar, dar corpo à proposição *explanans* e, ao inverso, explicar a proposição *explanandum*. A relação explicante–explicado é, para eles, justificável por leis lógicas.

É a realidade dessas leis que outros lógicos como A. I. Melden (1961), G. H. von Wright (1971) ou D. Davidson (1980) põem em xeque; este, por sua vez, faz duas observações a respeito:

- Só se pode verificar o valor das proposições teóricas *explanans* quando elas se tornam objeto *explanandum*. O princípio só é confiável quando, deixando de ser princípio, se torna conclusão verificável.

- As leis que ligam o pensamento *explanans* e o comportamento *explanandum* relacionam os fatos mentais e os fatos neurológicos motores de atitudes corporais. Ora, a ligação entre vida mental e vida neurológica ainda não foi esclarecida pelas pesquisas contemporâneas.

Será que o pensamento, a reflexão e a deliberação desempenham, nessas condições, um papel motor e explicativo desencadeador da decisão e da ação? Quando decido resolver um problema de relacionamento com um de meus alunos, qual foi a participação, em minha decisão, da reflexão que a precedeu? Terá ela sido real, como parecem achar os empiristas lógicos? Terá ela sido, ao contrário, quase inexistente, como afirmam D. Davidson e G. Steiner?

O problema assim posto insere-se no âmbito de uma lógica binária em que a afirmação de um objeto exclui a de seu contrário. A ação seria provocada por fatores reflexivos *ou* por fatores existenciais. Parece-nos mais prudente situar-nos no âmbito de uma lógica polivalente que substitua o *ou* pelo *e*, considerando a ação como provocada, ao mesmo tempo, por motivos reflexivos e por móbeis bioafetivos, distintos e complementares, dentro de um "sistema-pessoa" de cuja construção participam.

É assim, por exemplo, que M. Scheler (1991, p.86) coloca simultaneamente coexistência e separação dos princípios da verdade, por um lado, e da ação correta, de outro. [30] "Os axiomas axiológicos", escreve ele, "são perfeitamente independentes dos axiomas lógicos, e não constituem de modo algum simples 'aplicações' destes últimos ao domínio dos valores." Para ele, existe realmente uma lógica do coração e das emoções, assim como existe uma lógica do raciocínio e dos concei-

---

30 A posição de M. Scheler não nos parece, porém, significar seu divórcio fundamental mas, ao mesmo tempo, sua distinção e sua complementaridade.

tos. Nenhuma das duas lógicas se reduz à outra nem se deduz da outra. Elas estão sempre interferindo, e embora, em certas circunstâncias, uma ação só possa produzir a interferência de uma lógica das emoções, é mais duvidoso que apenas a lógica do raciocínio seja suficiente para esclarecer um comportamento vivido. Ou melhor, uma deliberação que, no plano pessoal, pretendesse ter somente origem reflexiva, portanto negasse sua inserção no "sistema-pessoa" em sua tripla dimensão biológica, afetiva e reflexiva, seria uma deliberação que, só querendo agir por sua cabeça (pensante), não enxergaria a areia onde seus pés afundam e que lhe esconde as emoções que a movem. "A deliberação voluntária é sempre falseada ...", escreve nesse sentido J.-P. Sartre (1949, 4ª parte, cap.1, §1). "A ilusão aí provém do fato de tentarmos tomar motivos e móbeis por coisas inteiramente transcendentes ... enquanto, por outro lado, queremos ver neles conteúdos de consciência; o que é contraditório. Na verdade, motivos e móbeis têm apenas o peso conferido por meu projeto, isto é, a livre produção do fim e do ato conhecido por realizar. Quando delibero, as cartas estão marcadas ... Há, pois, uma escolha da deliberação como truque que me anunciará o que projeto e, por conseguinte, o que sou." Portanto, conceitos e afetos são complementares. Os primeiros não desenham os segundos. Não determinam o que devo fazer. Ao contrário, os segundos me revelam o que meu "sistema-pessoa" me incita a fazer.[31]

Na pessoa coabitam, pois, conflituosamente dados reflexivos e dados existenciais. Há, entre eles, ruptura e continuidade.

Uma decisão é, na verdade, uma ruptura.[32] Uma seqüência lógica, uma cadeia de razões supõem a realidade de uma relação entre os diferentes momentos que as estruturam. Cada um desses momentos torna necessário o seguinte. Estamos aí no mundo da continuidade. A decisão é ruptura da continuidade lógica, aparecimento – se não irracional, pelo menos não racio-

---

31 Ver a respeito F. Stoutland, 1980.
32 Cabe lembrar que o termo decisão tem origem no latim *de-caedere, caesum* = cortar, romper.

nal – de um elemento imprevisível do conjunto a partir de um ou de vários outros elementos. Estamos diante do *clinamen* de Lucrécio ou do *fiat* de W. James, a que já fizemos referência. Essa ruptura faz que o desencadeamento da decisão e da ação não se situe em nível de clarezas conceptuais evidentes, mas no nível de certa forma de absoluto, de um momento que é ponto de partida, sem ser, aparentemente, ponto de chegada; extra-razão, ou até mesmo extra-reflexão, mas não menos imperativo por isso. É esse momento absoluto que Durkheim ilustra quando fundamenta a moral – a exemplo de Kant – num imperativo social indiscutível. W. Pickering (in P. Gaudemar, F. Cardi e J. Plantier, 1993, p.108) nota que, nele, a moral e a educação têm como fundamento uma autoridade que exige respeito, uma "moral fundada num quase Deus, o culto da sociedade ou o culto do indivíduo". A justificação teórica de um princípio – e, em particular, de um pressuposto da educação – não depende, pois, apenas da visão clara e distinta do mundo. Do mesmo modo, a convicção baseada apenas na lucidez só pode ser ilusória.

A recusa ao pensamento claro como fator exclusivo da ação, em nossa época, situa-se na esteira de uma longa tradição filosófica que afirma a importância dos fatores existenciais, não necessariamente irracionais – enquanto negadores dos princípios e das estruturas da razão –, mas não racionais, visto terem origem em instâncias outras que não apenas a razão (bioafetividade, fatores ambientais, inconsciente etc.). Já para Aristóteles (1965), ainda que precisemos refletir e raciocinar para determinar o meio de chegar a um fim, a adesão a esse fim não provém da reflexão: ela é, diríamos, um dado inicial de nossa condição humana. A vontade – fator não racional (comentário nosso) – "diz respeito sobretudo ao objetivo e à escolha – racional – dos meios de atingi-lo: por exemplo, queremos a saúde, mas nossa escolha recai nos meios de conservá-la. Dizemos que queremos a felicidade. Mas dizer que escolhemos ser felizes não condiz com os fatos; em uma palavra, a escolha se exerce, ao que parece, sobre o que depende de nós".

Em Kant (1960, I, 1-3), a motivação e a deliberação justificadoras da decisão e da ação também têm origem numa forma de espontaneidade transcendental da pessoa que, nesse autor, é a liberdade humana que ele postula como condição da vida moral. Essa liberdade, porque transcendental, torna possível a argumentação justificadora de nosso comportamento, mas escapa assim a essa possibilidade por ser posta fora do mundo da causalidade e da explicação. A Não-Razão transcendental é condição inseparável da Razão lógica.

Depois de Kant, o pensamento filosófico reage mais nitidamente ainda contra o intelectualismo que reduz, na pessoa, essência humana a pensamento. Com diferentes formas, é o não-pensamento que se torna a peça principal. Assim, Schelling (1988) estima que "em última e suprema instância não há outro ser senão o querer". Pelo pensamento não descobrimos nem a verdade nem o bem nem o belo: nós os queremos. A clara reflexão não passa de epifenômeno da decisão.

Para Schopenhauer (1966), a essência da pessoa está inteiramente na *Wille zum Leben*, vontade de viver, impulso cego e irresistível que, em todos os casos, não poderia emergir das esferas reflexivas da pessoa. O mundo que nos cerca – escreve ele (IV, § 54) – só está aí para conferir à vontade um conteúdo "que é o mundo mesmo, a vida, tal qual é precisamente ... a vida nada mais é que a imagem mesma dessa vontade na representação".

Para Nietzsche (1967-1992), a reflexão, os valores, as normas do bem e do mal, todas as entidades teóricas não passam de móveis ilusórios e escandalosos de nossa existência. A realidade do mundo está na *vontade de potência* como explosão do desejo que mergulha suas raízes nos fundamentos biológicos da pessoa, com tudo o que isso implica de competição e de criação. Para além da reflexão, em sua ridícula pretensão de traçar os limites do bem e do mal, é essa vontade de potência que os determina, pelo desejo que libera. "Se a essência mais íntima do ser é vontade de potência", escreve ele (Fragmentos póstumos, t.XIV, Frgt.14), "se o prazer é o aumento da potência, se desprazer é o sentimento de não poder resistir e dominar, não poderíamos então colocar prazer e desprazer como fatos cardeais?" O que há de essencial na pessoa não se situa no intelecto, mas na bioafetividade. Nada, portanto, pode ser claramente decidido. Só se decide o que se deseja.

Também para Max Weber, a lucidez do pensamento está longe de ser o motor único ou mesmo essencial do comportamento humano. "Toda política utiliza como meio específico a força", escreve ele (1959). As morais de nosso tempo não podem pretender a esplêndida universalidade racional reivindicada pela terceira máxima da moral kantiana. Cada uma delas – e, em particular, as correntes religiosas – formula preceitos que só se destinam a seus próprios adeptos. A universalidade reivindicada pela razão é estranha a esses particularismos. Outrossim – constata Weber –, a recusa da força, pedra angular das civilizações judaico-cristãs, tem como limite sua eventual utilização para provocar o recuo do mal. Assim, a reflexão racional, quando existe, afunda em suas próprias contradições. Portanto, Weber vê dois aspectos na ética do homem. Por um lado, a *Verantwortungsethik*, que se pode traduzir como ética da responsabilidade prática, que só considera o alcance utilitário do ato realizado. O que faço em relação ao outro só será válido se for útil. Meu comportamento junto a este aluno será válido se melhorar sua compreensão de minha mensagem de educador. Há, nessa ética da responsabilidade prática, uma forma de maquiavelismo que exclui qualquer arbitragem da clara reflexão. Tende-se prioritariamente para o útil; chegar à verdade, se não é inútil, é pelo menos acessório. A convicção que poderia ser dada pelo pensamento claro e pela confiança em seus princípios dá lugar à utilidade verificada. À *Verantwortungsethik* Weber opõe a *Gesinnungsethik*, que se poderia traduzir por ética do sentimento intencional. O que importa então não é mais a conseqüência prática do ato, mas a natureza da adesão de seu autor. Não estamos afastados aqui do imperativo kantiano, que nos pede a realização do ato porque é preciso realizá-lo, e não em razão de sua utilidade, de se ter em vista um objetivo exterior a ele. A realização do ato não está sujeita a nenhuma condição externa ao próprio ato (sucesso, felicidade etc.). Nesse contexto, minha dedicação a este aluno não é explicada pela busca de sucesso num exame ou por minha própria satisfação de educador, mas pela obediência assumida por meu dever de educador.

Nos dois casos de comportamento, Weber ressalta que não é só o pensamento racional que comanda o jogo. Tanto na montante como na jusante de seu processo, a não-razão intervém necessariamente. Conceitos e afetos vivem sempre uma coabitação que pode ou não ser harmoniosa mas é sempre inevitável.

Mais próximo de nós, J.-P. Sartre alinha-se nesse aspecto com Descartes. O entendimento não é determinante essencial do ato de decidir. Este é a manifestação de uma liberdade plena e íntegra como poder de negar. Decido quando digo não àquilo que, sem minha decisão, seria inelutável. Constituo-me assim em ruptura da cadeia de razões e causas. Nesse sentido, sou iniciador, ao mesmo tempo, do mundo em que intervenho e da verdade que crio. "A verdade é coisa humana", escreve Sartre (1947 – A liberdade cartesiana, p.292), "pois devo afirmá-la para que exista. Antes do meu juízo, que é adesão de minha vontade e compromisso livre de meu ser, nada existe além de idéias neutras e flutuantes que não são nem verdadeiras nem falsas."

Por fim, constata-se a mesma coabitação necessária de razão e não-razão em E. Lévinas e sua abordagem do outro. "Analiso a relação inter-humana", escreve ele (1982, p.102), "como se, na proximidade com outro – para além da imagem que faço do outro homem – seu rosto, o expressivo em outrem ... fosse o que me *ordena* servi-lo. Emprego essa fórmula extrema. O rosto me pede e me ordena. Sua significação é uma ordem significada." De novo, no plano da forma, não estamos distantes do imperativo categórico kantiano, imperativo em que o rosto do outro toma o lugar da Razão Prática. Ambos se expressam por ordem indiscutível. A reflexão racional não precisa mais debater, porém reconhecer a rigorosa gravidade do imperativo, *para lá da imagem que faço do outro homem*. A reflexão não está ausente, mas é insuficiente. É preciso ir mais longe. É preciso continuar sempre. A razão, nascida da não-razão, reclama-a de novo para seguir seu caminho.

O educador não dispõe, portanto, dos instrumentos indispensáveis para aprender com convicção total o real fundamento dos princípios de seu pensamento e de sua ação educacional. Seus pressupostos, que procuramos fundamentar na necessidade, ficam por enquanto suspensos no seu estado.

A estátua de bronze continua com pés de barro. Que além de tudo afundam em areia movediça. O cognoscente está mal armado, mas, além disso, o mundo por conhecer está encoberto por trevas espessas.

AS AREIAS MOVEDIÇAS DO MUNDO

NO MUNDO DAS COISAS, O EMARANHADO COMPLEXO DE ORDEM E DESORDEM

A coexistência de ordem e desordem no mundo das coisas com certeza não é revelação atual. O caos bíblico (*tohu ubohu*) é significativo de desordem: antes do nascimento do mundo, reinava a desordem, e a criação não passou de organização do magma original. "A terra era sem forma e vazia, e havia trevas sobre a face do abismo, mas o espírito de Deus planava sobre as faces das águas" (Gênese,1, 2).

Nesse aspecto, pode-se traçar uma linha reta entre *Timeu* de Platão e o texto bíblico: a ordem que verificamos em nosso planeta é resultado da organização da desordem original do mundo. Nele lemos (30a): "Aí está precisamente do devir e do mundo a origem principal ... Ele quis, o Deus, que todas as coisas fossem boas ... assim, pois, tudo o que havia de visível, ele tomou nas mãos; aquilo não estava em repouso, mas mexia-se sem harmonia e sem ordem. Dessa desordem, ele levou à ordem ..." Depois, adiante (53a), prossegue: "Todavia, no que se refere ao que havia antes daquele momento – nascimento de um mundo ordenado –, todos aqueles corpos se comportavam sem razão nem medida".

A afirmação de desordem original do mundo, portanto, não é coisa recente. Sua concepção, porém, evoluiu no tempo. No relato bíblico e em Platão, é apresentado como um momento do processo cósmico que exclui aquele outro momento que é a ordem. Há alternância de desordem e ordem, nunca simultaneidade. Na nossa época, para um pensador que está entre os mais abertos às inovações como Diderot, a existência objetiva da desordem é posta em xeque. Para ele, é difícil reconhecê-la como essencial ao mundo. É o que se depreende da leitura de sua *Interpretação da natureza* (1969). É verdade que, no início da obra, ele tende para uma visão da natureza que o leva a compará-la a "uma mulher que gosta de fantasiar-se", variando de maneira pouco ordenada seus modos de ser. Mas logo o filósofo passa a afirmar que "ela talvez nunca tenha produzido mais que um só ato" e que "ela se deleitou em variar o mesmo mecanismo numa infinidade de maneiras diferentes". E acaba por escrever que "o caos é uma impossibilidade".[33] A desordem – a exemplo do irracional, do mal, do feio e até do acidente – nem sequer está mais alternada com a ordem – racional muitas vezes sinônimo de bem, de belo e de verdadeiro –, como sua origem, mas é colocada como ilusória. Na nossa época, as duas abordagens coexistem. Para alguns, a desordem é, ao mesmo tempo, origem do mundo e seu fim, como termo último de um processo entrópico. "O casamento de Apolo e Dioniso é também um parto de Apolo por Dioniso", escreve nesse sentido D. Terré-Fornacciari (1991, p.137). "A ordem é suportável porque a desordem lhe é anterior e superior, e porque depende desta. Não só a ordem emana da desordem como também é importante notar que não é preciso saber como se opera essa gênese ... A desordem constitui a matéria dos relatos modernos que são gêneses sem histórias. Assim é que se poderia dizer: no começo era a desordem." Há alternância: no início caos, depois ordem, depois retorno à desordem. Para Michel Serres (1974, p.225), a desordem precede a ordem, mas, além disso, é a ordem que não tem realidade alguma. Só existe uma desordem essencial no mundo. "Sim, a desordem precede a ordem", escreve ele, "e só a primeira é real; sim, a nuvem, ou seja, o grande número precede a determinação, e só os primeiros são reais."

Autores atuais como Edgar Morin (1977) afirmam a simultaneidade de ordem e desordem. A coexistência desordem–

---

33 Diderot retomará e aprofundará suas idéias sobre a ordem e a desordem mais tarde, em *Princípios filosóficos sobre a matéria e o movimento* e em seu *Sonho de d'Alembert*.

ordem é permanente; são as facetas inseparáveis de um mesmo processo. Morin escreve (p.52): "As leis da natureza não constituem senão uma face de um fenômeno multifacetado que comporta também uma face de desordem e uma face de organização". E acrescenta adiante (p.58): "Não basta reconhecer o caos originário. É preciso quebrar uma fronteira mental, epistêmica. Estamos prontos a admitir que efetivamente o universo se formou no caos ... Mas contanto que fique bem claro que os tempos do caos são tempos passados e superados. O universo hoje é adulto. Agora reina a ordem ... Ora, a Gênese não acabou ... Estamos sempre no começo de um universo que morre assim que nasce. É essa presença permanente e atual do caos que se deve pôr à mostra ...". Não há alternância, mas simultaneidade dos contrários.

Seríamos capazes de compreender esse universo multifacetado? Uma orientação cientificista nos convidaria a admitir a compreensibilidade total de nosso mundo. O pensamento racional, nesse caso, demonstraria onipotência conquistadora. Ele tem meios de examinar exaustivamente todas as questões possíveis. A orientação de Nietzsche (1938) situa-se nos antípodas do cientificismo: para ele, o caos universal impede de considerar que o mundo tenha finalidade, portanto sentido. O mundo não pode ser compreendido porque não é compreensível. Não há nada para compreender no mundo, pois o sentido de um objeto é determinado por sua finalidade, o que o mundo não tem. Ora, "o caos universal", escreve Nietzsche, "exclui qualquer atividade com finalidade" (1, 2, §326).

Parece-nos que as duas posições – compreensibilidade e incompreensibilidade totais do mundo – cometem o mesmo erro, cada uma em sentido contrário ao da outra. Os cientificistas reduzem a realidade a sua faceta organizada, a suas leis, a suas regularidades, à repetitividade tranqüilizadora de seus fenômenos. Nietzsche, por sua vez, reduz essa realidade apenas a sua desordem, a sua imprevisibilidade, a suas eventualidades, ao acaso ansiogênico que às vezes vivemos.

O que pensar disso? A ordem é expressa pela repetitividade dos mesmos fenômenos nas mesmas condições. A existência exclusiva do determinismo é o hino cientificista entoado à glória de certa ordem cósmica. Por outro lado, existiria uma relação de conformidade entre essa ordem e nossos próprios esquemas mentais: achamos que compreendemos a realidade quando essa conformidade se realiza, quando se vivencia a coincidência entre as leis do mundo e de nossos esquemas cognitivos.[34] Ora, a ordem do mundo, repetimos, é somente uma de suas facetas; é uma claridade inseparavelmente ligada a uma sombra desordenada. Sua compreensão total implica a apreensão de seu ser global, ordem e desordem reunidas e reconhecidas. Só a abordagem racional do mundo, portanto, só a apreensão de sua ordem permite explicá-lo analiticamente, mas não permite compreendê-lo realmente, em sua complexidade global.

A estrutura contraditória do mundo não permite afirmar nem sua compreensibilidade total nem sua incognoscibilidade. Subjacente à insuficiência do pensamento racional, ela revela a sua relatividade inelutável. A supor-se fundamentada a coincidência entre as leis do mundo e as dos esquemas racionais, estes só podem ignorar a segunda face desordenada do mundo. Refletir nunca permite conhecer exaustivamente uma questão. O raciocínio só pode nos dar o que pode captar: a ordem do mundo. A desordem simultânea a esta sempre lhe escapa. Por outro lado, a renúncia à reflexão analítica sobre o mundo privaria o conhecimento de seu poder real de apreender essa face organizada do mundo. A coexistência entre a ordem e a desordem do mundo, no plano da cognição, é a base da necessária coabitação entre pensamento racional e um outro modo de pensamento que, ao mesmo tempo, o alicerça e completa.

Assim, o pensamento racional apenas não pode esclarecer nem justificar totalmente os princípios da reflexão e da ação; portanto, não pode, sozinho, fundamentar os pressupostos da educação. Já vimos, acima, que o instrumento de nossa cognição apresenta certos obstáculos intransponíveis no caminho da apreensão do mundo. Agora, é o próprio mundo que parece

---

34 Deixamos voluntária e provisoriamente de lado, aqui, o problema das relações entre leis e esquemas mentais: aquelas não seriam apenas expressão destes? Ou o inverso? Ou sua interação é permanente?

não se prestar a isso. Não só o cirurgião não tem toda a competência necessária para operar, como também o doente, em seu estado atual, não é inteiramente operável.

O INSONDÁVEL MUNDO DO HOMEM

O mundo das coisas escapa, pelo menos em parte, a nossa investigação cognitiva. Que dizer, no caso, do mundo do homem? Além do que já constatamos no nível da realidade físico-biológica, a realidade humana apresenta características específicas que a distanciam ainda mais de nós.

O problema não é novo. Na Antigüidade, Tomás de Aquino (1989) notava a dificuldade enfrentada pelo juiz a quem se pede a apreciação de problemas humanos. "Não se deve pedir", escreve ele (II, II - 70, a 2), "a mesma certeza em todas as matérias. Nos atos humanos sobre os quais os tribunais se pronunciam, que são revelados apenas por testemunhos, não pode haver certeza demonstrativa, pois esses atos referem-se a coisas contingentes e variáveis. Por essa razão, basta uma certeza provável, que alcança a verdade na maioria dos casos, ainda que em outros dela se afaste." Se a *contingência* e a *variabilidade* são reconhecidas, atualmente, em todos os níveis da realidade, muito mais o são no mundo humano, à medida que a realidade se torna cada vez mais complexa.

Não faremos aqui muito mais que repetir as análises de W. Dilthey (1947) sobre a questão. Segundo ele, se é que podemos explicar (*erklären*) o mundo das coisas por referência a suas causas, precisaremos, ademais, compreender (*verstehen*) o mundo humano por referência a suas finalidades. Donde a necessária existência das ciências humanas (*Geistwissenschaft*), com objeto e método específicos, ao lado das ciências da natureza, que podem se satisfazer apenas com a explicação pelas causas. E Dilthey esclarece: a pedagogia e o que hoje chamaríamos de ciências da educação são uma *Geistwissenschaft*, uma ciência humana cujas explicações devem ser completadas por uma compreensão que faça referência não só aos mecanismos mas também, e sobretudo, às finalidades do ato educacional.[35]

Por fim, mais próximos de nós, autores de diferentes linhas fazem as mesmas constatações em sua abordagem do mundo humano. Para começar com um sociólogo, P. Bourdieu (1993) diz que a sociologia é uma *metaciência* pressuposta por todas as outras ciências, marcando-as com o sinal de seu próprio campo de ação: "A sociologia", escreve ele, "está numa posição muito particular, pois tem como objeto uma realidade na qual se insere ... Essa é uma das razões da desconfiança de que é alvo: estamos presos em nosso objeto ... Para nós, a psicanálise do espírito científico é a sociologia do mundo científico, a sociologia da sociologia. Essa exigência de reflexividade nos põe numa posição muito estranha: a de ser ciência das ciências, metaciência". Se a gênese da idéia não é nova – de fato já é encontrada em A. Comte, G. Bachelard, J. Piaget e outros –, Bourdieu tenta o neologismo *metaciência*, que, numa perspectiva kantiana, faz da sociologia, ciência dos fatos humanos, um bastião do incognoscível. O mundo humano porventura transporia aí a fronteira que separa o obstáculo epistemológico bachelardiano da incognoscibilidade absoluta?

Essa dificuldade de apreensão do mundo humano é, de novo, esclarecida pela análise proposta por F. Varela (1989a) dos "espaços da cognição". Nosso conhecimento das coisas e dos homens enquadra-se em dois espaços possíveis: os espaços definidos e os espaços indefinidos. Ele toma como exemplo de espaço definido o jogo de xadrez, com seu número determinado de peças cujos movimentos não são variáveis e cujas posições obedecem a regras imutáveis. Em tal quadro – diz ele –, a intervenção do "senso comum", daquilo que Alain denominava opinião louca com tudo o que ela implica de variância e de não-regularidade, condiz com uma probabilidade que tende a zero. Mas todas as situações – e principalmente as humanas – estão longe de apresentar tal delimitação precisa de dados. Existem também espaços indefinidos que Varela ilustra tomando como

---

35 Ver também a respeito J.-P. Dupuy, 1992.

referência a condução de um automóvel. É fato que nela intervêm dados que variam pouco ou nada (a chegada do combustível que provoca a explosão motora, a ligação do sistema de ignição que possibilita a partida etc.), mas também intervêm outros dados cuja variabilidade é praticamente infinita. Esses dados constituem o espaço indefinido, englobando, por exemplo, a disciplina dos pedestres, o comportamento dos outros motoristas, o tipo de estrada, a idade e a saúde do motorista etc. Se, com uma probabilidade relativamente grande de exatidão, o desenrolar de uma partida de xadrez (espaço definido) pode ser previsto após alguns lances, a condução de um veículo por um motorista (espaço indefinido) será prevista com uma probabilidade bem menor. Ora, supondo-se que, afora a matemática, possam existir no mundo das coisas situações que sejam espaços definidos, pode-se considerar, sem grande risco de erro, que toda situação humana é um espaço indefinido. Varela chega a generalizar essa constatação quando escreve (p.95): "Nenhum aspecto de nosso mundo natural e vivo pode ser classificado a partir de delimitações nítidas: não se pode transformá-lo num terreno cujo mapa possa ser traçado". O pensamento racional e sua tendência a traçar mapas de realidades que deseja explicar estão condenados ao fracasso. A realidade humana nunca se deixa encerrar totalmente num traçado prévio, seja qual for. Ela desborda da roupa sempre demasiado estreita da racionalização.

Façamos uma retrospectiva. Vimos que a apreensão racional do mundo colide com obstáculos ao mesmo tempo subjetivos e objetivos: o raciocínio, tanto em seus mecanismos como em seus princípios, nem sempre é um instrumento confiável de conhecimento, por razões que inferimos das análises psicológica, psicossociológica, lógica e axiológica do ato de conhecer. Essa constatação vai-se tornando mais evidente à medida que passamos de um nível para outro da realidade no sentido do aumento de sua complexidade, portanto no sentido que vai da matéria mineral ao mundo humano, no qual se inserem os processos educacionais. Conseqüentemente, um objeto de investigação nunca chega a um grau de certeza capaz de provocar no pesquisador-educador a firme convicção quanto ao real fundamento de suas decisões e de sua ação educacional.

A educação estaria então, em tais condições, condenada a ser uma ciência cega, uma prática fadada a só verificar seu valor no nível da utilidade imediata, mas privada para sempre da clara visão dos fins que essa prática, aconteça o que acontecer, realizará? Pode o educador evitar ser o paralítico da fábula evitando tornar-se cego? Se não respondermos às duas perguntas: "educar por quê? educar para quê?", a educação do homem poderá ainda ter algum sentido?

CAPÍTULO III
APOSTAR EM EDUCAÇÃO

A APOSTA, ENTRE SENTIDO E NÃO-SENTIDO

Trata-se agora de tirar as conclusões das contribuições das ciências humanas ao problema dos fundamentos teóricos da educação. A partir das informações proporcionadas pela psicologia, pela psicossociologia e pelas ciências da cognição, chegamos a certas conclusões:

1 A informação que temos sobre os fundamentos de nossa ação é insuficiente.

- A reflexão racional, tanto no nível de suas premissas quanto de sua estrutura, não pode nos levar a conclusões indubitáveis, capazes de nos dar convicção.

- Os outros fatores de nosso juízo – bioafetividade, inconsciente e cultura – não nos dão nem critérios de verdade nem valores de ação convincentes.

- Conseqüentemente, a abordagem – reflexiva ou não – que fazemos dos pressupostos da educação não pode redundar em sua total justificação.

2 Nossa ação sobre o mundo é inevitável.

- Nossa condição humana marcada pelos conflitos que caracterizam suas relações com o mundo das coisas e dos homens torna indispensável nossa ação sobre ele e, principalmente, nossa ação educacional.

3 Nossos valores não são nem pensados nem desejados; são apostados.

- Essa ação educacional, que não pode, portanto, ser racional nem pulsional, se dará em termos de aposta na sua verdade e no seu valor.
- Por que somos obrigados a fazer essa aposta? Em que consiste ela?

CREMOS RACIONALMENTE

O que vivenciamos como convicção pessoalmente fundamentada em razão e em valor não é, no mais das vezes, senão uma crença racional. Não voltaremos mais aos obstáculos subjetivos e objetivos que se opõem a essa convicção. Só os resumiremos lembrando os efeitos ressaltados por G. Steiner (1988, p.50), ao escrever que nossos posicionamentos, seja em que campo for, "nunca podem ser senão descrições mais ou menos persuasivas, mais ou menos compreensivas, mais ou menos coerentes, deste ou daquele processo de preferência". Eles procuram "tornar aplicável e pedagógica, de maneira manifesta, uma 'percepção intuitiva', uma inclinação da sensibilidade, a postura conservadora ou radical de um percipiente original ou de um acordo de opiniões. Não pode haver prova nem contraprova". Assim, é difícil falar em justificação real de um ponto de vista teórico qualquer. A verdade demonstrada – se verdade há – nunca é total nem definitiva: ela só engloba, por um lado, a parte organizada, logo "racionalizável" do objeto; por outro lado, ela só o apreende em seu momento presente. Essa constatação constitui a relatividade de nossa ação e de seu sentido. É nesse quadro que A. Camus (1958) justifica a revolta do homem. Revoltamo-nos em nome de um valor que vivemos existencialmente sem ter uma idéia perfeitamente clara dele. Para ele, não podemos deixar de nos revoltar, e nossas razões para tanto não são racionalmente determinantes. Há sempre um hiato entre o pensar e o agir. Ambos se situam em ambos os lados de um *Rubicão*, e assim cada um deles intervém no outro sem se reduzir ao outro. O pensamento é apenas um dos componentes do sistema causal da ação que, sozinha, não constitui a verdade nem o valor do pensamento. Do mesmo modo, os pressupostos da educação não são fruto apenas da reflexão racional nem são os únicos motores da ação.

Outro obstáculo importante ao esclarecimento racional dos pressupostos da educação: o educador, como pensador, é um interpretante-interpretado. Em sua interpretação do mundo e em sua ação, não pode deixar para trás o fato de ser, ele também, parte integrante do mundo que ele mesmo interpreta e pelo qual é formado como interpretante. É na linha de Martin Heidegger, Maurice Merleau-Ponty ou Michel Foucault que F. Varela (1989a), em nossos dias, propõe essa análise da cognição. Ele exige (p.92) que seja levado em conta o "fenômeno da interpretação em sua totalidade, em seu sentido circular de elo entre ação e saber, entre quem sabe e o que é sabido". E acrescenta um pouco adiante (p.97-8): "não nos podemos excluir do mundo para comparar seu conteúdo com suas representações; estamos sempre imersos nesse mundo ... O contexto e o senso comum não são artefatos residuais que possam ser progressivamente eliminados com o uso de regras mais sofisticadas. Na verdade, são a própria essência da cognição criadora".

Um conhecimento do mundo em claro-escuro por um sujeito que é ao mesmo tempo interpretante e interpretado! Em tais condições, as deliberações que precedem nossas ações só podem desembocar em conteúdos marcados por probabilidade, nunca por certeza. Como tais, não podem nos convencer totalmente. Nossa reflexão, por mais rigorosa que seja, no melhor dos casos redunda em crenças racionais: racionais porque o raciocínio nela desempenhou seu papel de análise dos fatos, mas também crenças porque o pensamento racional, apesar do eventual rigor, não pode apreender a totalidade desses fatos. *Probability is the very guide of life*, escreve com justiça B. Butter. R. Carnap (1962), por sua vez, analisa essa probabilidade, que para ele assume o aspecto de opinião de duas faces: ela aparece quando a crença naquilo que se sabe fundamenta a consciência daquilo que se ignora, quando dessa consciência nascem a esperança de saber mais e/ou melhor e o esforço necessário para tanto. Toda crença racional nos põe sobre o banquinho ansiogênico do provável, e não no sofá tranqüilizante e anestesiante da certeza. Lança-nos no caminho pedregoso da busca permanente.

Contudo, a inevitável insuficiência de nossa informação não desemboca necessariamente numa atitude niilista, que negue a ação. Somos confrontados com o claro-escuro de nossas motivações mas também com a necessidade de ação. Ainda que agir com pleno conhecimento de causa seja um logro, não podemos não agir. Pensamento e ação são os elementos distintos e complementares do sistema comportamental. Se só o pensamento não faz ação, assim como só a ação não faz o pensamento, ambos participam da elaboração do comportamento pessoal global. É esse o sentido – parece-nos – que devemos dar ao vôo do Fausto de Goethe ao exclamar: "É esta a hora de provar por ações que a dignidade do homem não é inferior à grandeza de um Deus". A ação é necessária como complemento epistemológico do pensamento. Ela permite, ademais, revelar o que só o pensamento não exprime, o não-pensamento, a vida inconsciente e bioafetiva. Nesse sentido, o campo da ação é sempre mais vasto que o do pensamento. Expressamo-nos por nosso comportamento global mais do que acreditamos e dizemos. A pessoa não se reduz ao *cogito*. Ela também vibra e age em resposta ao mundo.

O CANIÇO PENSANTE TAMBÉM É ATUANTE

Logo, a ação não é simples reflexo do pensamento no qual consistiria o essencial do comportamento. É seu complemento indispensável. Constatamos com Eric Weil (1950, cap.XVI, A ação) que, embora possa ser explicada pelos homens que pensam, a ação é efetivamente realizada pelos insatisfeitos que não pensam. As insuficiências da reflexão apresentadas, até então, como freios da ação na verdade podem também ser seus motores poderosos. No desejo, a falta sentida do objeto desejado nos impulsiona para a ação que permitirá sua obtenção; do mesmo modo, a falta de visão clara de um objetivo, conforme as condições e a pessoa, pode ser um motor para sua abordagem por meio da ação, ou um freio no processo que a ele conduz. No primeiro caso, a meta representada por um sucesso prático compensa a insuficiência das razões.

Por outro lado, a negação niilista de escolher e agir é, ao mesmo tempo, impossível e inútil. Impossível porque, como já nos lembrou J.-P. Sartre, somos em situação. Cada pessoa está inelutavelmente inserida num contexto físico-biossocial com o qual mantém relações conflituosas que exigem de sua parte uma reação em forma de ação para sua própria salvaguarda. É também inútil porque não escolher não é ausência de escolha, mas escolha de não escolher. A. N. Messara (1988) expressa isso com bastante clareza ao tratar do comportamento tolerante. "A tolerância", escreve ele (p.103), "não é um princípio último, pois o intolerável também existe. Há um grande campo em que a tolerância pode ser exercida, mas esse campo tem limites, além dos quais não se deve de modo algum renunciar ao conflito. Não se pode ser tolerante em relação a uma ideologia que pregue a xenofobia e justifique a tortura. Há casos em que tomar partido é não só legítimo como indispensável."[1] A inação que se baseasse na tolerância ao mal seria cumplicidade. Então não haveria não-escolha, porém escolha dos valores do carrasco contra sua vítima.

No plano educacional, já tivemos oportunidade de mostrar[2] que estamos condenados à ação, uma vez que, entre outras razões, a educação é prenhe de sua própria necessidade. Educar cria a necessidade de educar. A ação educacional participa da transformação do meio das coisas e dos homens. Essa transformação exige, por sua vez, uma adaptação dos indivíduos ao novo

---

[1] Pode-se fazer um paralelo entre esse trecho e um texto de W. James (1916), já antigo mas que conserva uma atualidade indubitável: "Nossa natureza passional possui não só a faculdade legítima mas também o dever de exercer uma escolha entre as proposições que lhe são submetidas, todas as vezes que se tratar de uma verdadeira alternativa cuja solução não dependa unicamente do entendimento; em semelhante circunstância, quem pretendesse evitar escolher e deixar a questão aberta estaria tomando inconscientemente uma decisão passional tão importante quanto uma afirmação ou uma negação, e à qual se associaria o mesmo risco de perda da verdade".

[2] Ver H. Hannoun, 1995, p.107.

meio, portanto novas aprendizagens. A educação, como uma das condições da evolução das técnicas, participou, por exemplo, da informatização generalizada da produção econômica. Essa informatização hoje torna imprescindível a aquisição de saberes e habilidades dos futuros produtores de informática. Do mesmo modo, em certas regiões do globo a educação participou da evolução das estruturas sociais para a democracia, o que exige a aquisição de novos saberes e habilidades em termos de comportamentos cívicos. A necessidade dessas aprendizagens é filha dos sucessos dos processos educacionais anteriores.

Assim, chegamos a duas constatações importantes: por um lado, as conclusões da deliberação nunca nos fazem percorrer a totalidade do caminho que vai do pensamento à decisão e à ação que ele tenta provocar. Para além dos raciocínios mais apurados fica sempre um hiato, um vazio de motivação, um *Rubicão mental*. Por outro lado, nossa condição humana marcada pelo caráter conflituoso da relação que temos com o mundo torna inevitável para nossa sobrevivência nossa ação sobre ele. O *fiat* de William James mostra-se então imprescindível. Se nossas motivações mentais nunca chegam à clareza total, se, por outro lado, não podemos deixar de nos decidir e agir, então... *fiat*, faça-se, que assim seja apesar da obscuridade relativa de nossas intenções. Mas se esse *fiat* trouxer a marca de uma esperança, de uma vontade de ação, permanecerá como índice patente de uma abordagem simplesmente provável das coisas. Assinala nossa falta de convicção real quanto ao valor de nosso ato. Ainda voltaremos a isso.

A INDEFECTÍVEL PRESENÇA DOS AFETOS

A travessia do *Rubicão mental*, passagem não totalmente motivada para a decisão e a ação, revela os componentes que, além da reflexão – racional ou não – expressam a pessoa: sua cultura, seu inconsciente e sua bioafetividade.

Já falamos do peso do impacto cultural sobre a pessoa. O "eu" da pessoa sempre se enquadra em um "nós" ao qual por certo não se reduz, mas que participa de sua informação no plano das normas de ação e dos critérios de pensamento.

Também já ressaltamos a importância do inconsciente na elaboração de nossas motivações e na realização de nossas ações. A ambigüidade essencial da pessoa tem o aspecto da coexistência da personagem vivida com sua sombra inconsciente que intervém ao lado daquela, com ela e muitas vezes contra ela. Portanto, nossa bioafetividade impregna os fatores de nossas decisões e de nossas ações. Quais são seus traços mais freqüentes? Acreditamos distingui-los na busca da satisfação de prazer e de interesses, que, ao lado da reflexão, do impacto cultural e do inconsciente, é, em nosso tipo de civilização, um poderoso móbil de comportamento. Por exemplo, na escolha pelo professor de seu método pedagógico intervêm sua própria reflexão, seu inconsciente, os modelos extraídos de seu ambiente humano, mas também a busca de satisfação ou mesmo de certo conforto pessoal em suas relações com os alunos.

Por mais elaborada que seja a reflexão, nela há sempre certo matiz de desejo, anterior à decisão ou à ação. Essa constatação é feita por Aristóteles (1965) quando escreve (VI, p.279): "A escolha preferencial é um intelecto desejoso ou um desejo raciocinador". O desejo, aí, distingue-se da razão, mesmo permanecendo ligado a ela, mas o motor da ação continua sendo o desejo. É verdade que este apresenta dois aspectos: o primeiro, como desejo raciocinado, está consciente do futuro, ao passo que o segundo, como desejo não raciocinado, limita-se apenas à vivência presente. De qualquer modo, a reflexão nunca é o único motor da ação; é o desejo (*orexis*) o seu ator insubstituível. "Todo desejo também é em vista de um fim, pois aquilo que é o objeto do desejo", escreve ele (1972, p.203), "é então o princípio do intelecto prático, e o último termo da discussão é o ponto de partida da ação." Portanto, a convicção baseada apenas na racionalidade das intenções é um embuste. O convicto tem, ao mesmo tempo (às vezes), *razão* e *vontade* de estar convicto.

Em Platão, o desejo (*epithmeticon*) é um componente da alma humana que ele situa entre a coragem (*thymos*) e o pensamento (*logos*). Assim, as motivações humanas só raramente atingem a pureza da racionalidade integral, mesmo quando para ela tendem. São sempre um complexo de desejo–coragem–pensamento. Essa coexistência significa porventura a impossibilidade de fundamentar nossa ação na apreensão perfeitamente clara porque racional das coisas? Pode-se dizer que sim. Em todo caso, é o que Leibniz reconhece, pois para ele o prazer é um "não sei quê, ... um conhecimento claro e confuso ... quando posso reconhecer uma coisa entre as outras sem poder dizer em que consistem suas diferenças ou propriedades" (1970, §24). Ele confirma a confusão contida no desejo ao escrever, em outro trecho (1966, Prefácio), que diz respeito "aos gostos, às imagens das qualidades dos sentidos, claras em sua reunião, mas confusas em suas partes". A afetividade, qualitativamente diferente da reflexão racional e clara, supõe a confusão de seus conteúdos. Sua onipresença em nossos comportamentos dificulta a total clareza da motivação destes, portanto a total convicção com que seriam decididos.

Mais próximo de nós, Freud confirma esse ponto de vista. Para ele, Eros é "a pulsão fundamental" da pessoa (1991a, p.99), ressaltando também sua intervenção em todos os seus níveis. De nossas reações mais primárias até nossa atividade criadora mais simbólica, tudo emana do desejo e, essencialmente, da libido. A criação literária, por exemplo, tem esse preço. "A libido de nossas pulsões sexuais", escreve ele (1991b, p.54), "coincidirá, pois, com o Eros dos poetas e dos filósofos, que sustenta tudo o que vive." Essa pulsão sexual para o prazer é tanto mais fundamental por ser condição de nossa conservação, logo de nossa sobrevivência. "Eros", escreve Freud (1991c, p.268), "é não só a pulsão sexual propriamente dita não inibida e as moções pulsionais inibidas em termos de objetivo, que derivam daquelas e são sublimadas, como também a pulsão de autoconservação." Os afetos, sejam quais forem as pulsões de vida (*Lebenstrieb*), busca de prazer, amor, ou as pulsões de morte (*Todestrieb*), tendências à destruição, agressividade, são onipresentes como fatores de nossos comportamentos.

Sem necessariamente concluir pelo pansexualismo freudiano, deve-se reconhecer a importância do desejo e da afetividade em geral como fatores das escolhas da pessoa. Em nossa época, Gaston Bachelard (1938, cap.II, §1) estima que "o homem é uma criação do desejo, e não uma criação da necessidade". O homem faz aquilo que tem vontade de fazer pelo menos tanto quanto aquilo que ele acha que deve fazer. O desejo está em toda parte.

Uma deliberação exclusivamente reflexiva é ilusória. Razão e desejo, decisão racional e pulsão são os componentes inseparáveis de todo sistema produtor de decisão e de ação. Cada elemento do par é complementar do outro. Os pressupostos da educação, o sentido que damos a nossa ação de educadores, por mais analisados e racionalmente apresentados que sejam, são, em cada um de nós, tão desejados quanto pensados.[3] De fato, a função dos afetos no comportamento humano está longe de se reduzir a uma face negativa da motivação, como os apresenta muitas vezes nossa cultura judaico-cristã: eles não são apenas obstáculos ao desenrolar de um pensamento que desejaria isolar-se nas esferas de uma racionalidade etérea; participam da criação do sentido e do fundamento dos valores. Se o pensamento lógico é incapaz, como vimos, de conferir valor à ação, a afetividade e, particularmente, o desejo vêm muitas vezes compensar essa incapacidade. Essa idéia é encontrada em correntes de pensamento contemporâneas. Para Max Scheler, são os afetos que alicerçam os valores; para Martin Heidegger, são eles que dão sentido ao mundo. Mais próximo de nós, Michel Henry (1963) estima que "a afetividade revela o absoluto ... por ser auto-afeição do ser na unidade absoluta de sua imanência radical" (§70). A reflexão, levada ao termo de seu processo, descobre com freqüência – se não sempre – a relatividade de suas conclusões, ao passo que o desejo, por sua vez, atinge o absoluto. O pensar não é separável da dúvida; o amar (ou o odiar) apresenta-se indivisível. O desejo é pulsão não absoluta para um objeto posto como absoluto. É pulsão não absoluta porque definida como falta, como privação do objeto desejado. Sou não-absoluto porque sou um ser desejante, e meu desejo é índice da falta de seu objeto em mim. Meu desejo é o índice de meus limites, lembra Descartes: "Pois como seria possível", pergunta ele (1963 – III Meditação), "que eu pudesse conhecer que duvido e que desejo, ou seja, que me falta alguma coisa e que não sou perfeito ...?". De outro modo, o desejo põe seu objeto como absoluto porque dotado incondicio-

---

3 É em razão dessa impregnação de todo comportamento humano pelos afetos que não se pode falar em "neutralidade afetiva". Ver a respeito T. Parsons, 1937.

nalmente do valor que ele lhe atribui. O desejo mostra-se assim mais motivador que a demonstração mais rigorosa. A afetividade e o desejo como determinantes do valor constituem, assim, o sentido do objeto que, às vezes, o pensamento é incapaz de patentear.

Deveremos então, após constatar a ineficaz solidão do pensamento, colocar os afetos como única fonte de sentido? Os pressupostos da educação, que inutilmente tentamos fundamentar apenas na reflexão, seriam então definíveis ou mesmo justificáveis apenas pelas pulsões? Não pensamos assim. Voltando à imagem do "sistema-pessoa" apresentado por G. Lebret, podemos dizer que a exclusão dos afetos por uma abordagem intelectualista da pessoa não justifica a abordagem dos conceitos na forma como Nietzsche, por exemplo, tentou fazer. No "sistema-pessoa" intervêm necessariamente, ao mesmo tempo, conceitos e afetos que não convém divorciar, mas, ao contrário, casar. É esse ato nupcial que, há séculos, as filosofias ocidentais tentam redigir, muitas vezes em vão.

A satisfação de interesses como motor de decisão e de ação amplia o problema dos afetos. O interesse está para a pessoa total assim como o desejo está para a bioafetividade apenas. Procurar satisfazer interesses supõe, para além dos limites da satisfação efêmera dos desejos, uma apreensão da pessoa considerada em seu projeto de melhoria material, existencial e espiritual. Nesse sentido, pode-se considerar que a busca da satisfação de interesses[4] é a síntese possível do pensamento e do desejo na gênese da ação. Tendo em vista nosso desejo de chegar a certos fins, nosso pensamento intervém para descobrir os meios. Se o interesse exige reflexão como meio de satisfazer-se, sua afirmação como fim da ação é extra-racional. Graças à reflexão, sabe-se como agir tendo em vista o interesse; não se argumenta para justificar a procura da satisfação do interesse. Deseja-se.

---

[4] Aqui não tocaremos no problema da distinção entre interesse pessoal e interesse coletivo. Ver a respeito T. Hobbes, 1971; J. Bentharn, 1789; A. Smith, 1991; e K. Marx, 1963.

A noção de interesse como motor de decisão e de ação não é nova. Contra o intelectualismo reinante no século XVII, F. de La Rochefoucauld (1967, M39) ressalta sua importância. "O interesse", escreve ele, "fala todos os tipos de língua e representa todos os tipos de personagem, mesmo o do desinteresse." Ao lado da reflexão, do inconsciente, da cultura, a busca da satisfação do interesse representa em nosso comportamento um papel freqüentemente mais eficiente que o utópico recurso apenas à reflexão racional. Helvetius (1988) o menciona no século XVIII francês. Para ele, "é substituindo o tom de injúria pela linguagem do interesse que os moralistas podem levar à adoção de suas máximas". Para Kant (1965), a busca da satisfação do interesse está presente em todos os nossos comportamentos. Para ele, querer, desejar ou ter interesse significam a mesma coisa. "Querer alguma coisa", diz ele, "e ter satisfação com sua existência, ou seja, ter algum interesse nela, são idênticos." Ou melhor, a busca da satisfação do interesse intervém até nas coisas do espírito. Quando pensamos, raciocinamos, memorizamos, somos levados por algum interesse. "Podemos atribuir a cada poder do espírito", escreve ele (1960), "um interesse, ou seja, um princípio que contém a condição na qual esse poder é exercido."

Hoje em dia, essa onipresença da busca da satisfação do interesse, até na atividade espiritual, é encontrada em J. Habermas (1976). Para ele, essa busca é o motor fundamental de toda ação e mesmo da própria sobrevivência humana. "Chamo de interesses as orientações básicas ligadas a certas condições fundamentais da reprodução e da autoconstituição possível da espécie humana." Diz ele que o interesse está na base de tudo, como um princípio quase transcendental. No plano da cognição, explicar o processo do pensamento não exige só esclarecer seus princípios e seus mecanismos, mas também revelar seus motores. A ciência da cognição não se contenta com nos dizer como pensa o pensamento, mas também aquilo que o faz pensar. O que está em questão, para Habermas, é, ao mesmo tempo, sua essência e sua existência. Aí então descobrimos que pensamos porque temos interesse nisso. "A razão se submete ao mesmo tempo ao interesse pela razão. Podemos dizer que ela obedece a um 'interesse de conhecimento emancipatório' que visa à realização da reflexão como tal" (1976). Buscando em Fichte a idéia de interesse emancipatório, Habermas ressalta que todo pensamento, todo comportamento é movido, fundamentalmente, pelo interesse que temos em nossa autoconstituição e em nossa autopreservação. Além de suas tentativas de evasão para outra coisa, além de suas tentativas de esquecer-se ou negar-se, o homem continua sendo o fim do homem, antropocentrismo essencial que faz – e esclarece – as atitudes humanas. O homem é o fim do homem.

APOSTA, COMPLEMENTO DA REFLEXÃO

Se o processo de educação implica, como vimos, numerosos pressupostos, tanto fundamentais como instrumentais, a reflexão racional, apenas, é incapaz de dar-lhes fundamento de verdade e valor; por um lado, em razão de seus próprios limites, e por outro porque esses pressupostos refletem não só as (por vezes) claras exigências do pensamento, mas também as exigências de nossa cultura, de nosso inconsciente e de nossa bioafetividade. Acreditamos nesses pressupostos porque nos parecem racionalmente fundados e porque nossa vivência cultural, inconsciente e afetiva nos incita a aderir a eles de maneira extra-racional. Colocamos como verdadeiro não só o que pensamos ser verdadeiro, mas também o que temos vontade de acreditar verdadeiro. A convicção pessoal baseia-se, ao mesmo tempo, na evidência reflexiva de seu objeto e na vontade (ou interesse) de crer nele. Ora, vontade e interesse não são critérios de verdade nem normas do bem. São, como vimos, seres, e não valores. Portanto, a educação parece obscura, se não cega, já que seus fatores teóricos são inevitavelmente elaborados no claro-escuro de um "sistema-pessoa" em que conceitos e afetos são os componentes inseparáveis do mesmo conjunto.

Contudo, como vimos, a educação é uma necessidade. Deveremos então educar sem conhecimento de causa, sem consciência do significado profundo de nossa ação? O educador estará condenado a tatear o tempo todo num túnel cujo sentido ele sequer suspeita qual seja?

Não pensamos assim. Para pôr termo às hesitações do pensamento e às veleidades da ação, achamo-nos na obrigação de apostar no valor dos princípios sobre os quais eles se fundam.[5] Há aposta quando o *fiat* de William James se faz ruptura da indecisão e da inação, quando o *Rubicão mental* é atravessado, contrariando a opinião da autoridade racional, para afirmar a verdade e o valor daquilo em que se aposta. Ainda que o pensamento tenha percorrido uma parte – por maior que seja – da distância que separa justificações e ação, não a esgotou. Os últimos metros são vencidos apesar de tudo, apesar da ausência de razões claras, em nome de um "por que não?", de um "talvez", que usurpa os direitos dos "portantos" e "porquês". A aposta talvez seja o caminho estreito pelo qual seria possível evitar tanto o excesso de sentido conferido pela ilusão de convicção racional que se quer definitiva como a ausência total de sentido que a atitude niilista supõe. A aposta é, ao mesmo tempo, recusa ao sentido rígido e ao não-sentido vazio. É construção permanente de sentido. Voltaremos a isso.

Embora não estejamos totalmente convencidos da verdade e do valor dos pressupostos de nossa ação de educadores, agimos como se estivéssemos, porque apostamos em seu valor. Essa aposta ultrapassa os limites de um risco aceitável? Poderíamos ousar traçar o perfil futuro do homem participando de sua formação sem estarmos fundamentalmente convencidos do valor de nosso traçado?

O SENTIDO DA APOSTA

AS APOSTAS DA ESPERA

Qual é o sentido da aposta que somos levados a fazer no valor dos pressupostos da educação? Há diferentes tipos de apostas. Algumas se enquadram naquilo que chamaremos de "apostas expectantes". Consistem na previsão não indubitável de um acontecimento futuro cuja afirmação ou infirmação pelo ad-

---

5 Acerca da vontade como ruptura da hesitação e da veleidade, ver P. Ricoeur, 1961, t.1, p.45ss.

vento ou não do acontecimento contentamo-nos em esperar passivamente. Diante de uma problemática cujas contingências não dependeriam de minha iniciativa, aposto na eficácia da solução A, e não na da solução B. Se A dá certo, a aposta está ganha; contudo, nesse caso, não terei participado nem da previsão nem da realização desse sucesso. Esperei passivamente o veredicto dos fatos sem sequer os haver previsto com precisão. Constatei um efeito para o qual não participei de forma alguma.

Existem dois tipos de aposta expectante: ambas supõem a passividade do apostador. Em primeiro lugar, há a aposta por indiferença. Trata-se da aposta a que alude Descartes (1963, p.305) ao escrever: "Se eu sempre conhecesse com clareza o que é verdadeiro e o que é bom, nunca teria dificuldade em deliberar que juízo e que escolha fazer; e, assim, estaria inteiramente livre, sem jamais ser indiferente". Diante de uma escolha entre A e B, e na minha ignorância de A e B, eu não teria razão alguma para optar por um ou por outro. Sou indiferente a ambos. Por isso, vou *apostar* num ou noutro por motivos e móbeis que, de qualquer modo, escaparão à minha livre discriminação dos valores. Escolhi A, embora conscientemente pudesse ter escolhido B. Fiz isso porque era preciso escolher. E, uma vez feita a escolha, de algum modo sem mim, vou esperar o desenrolar dos fatos que me recompensarão se der A. Minha única intervenção terá consistido em um "palpite" que mais condiz com o acaso ou com forças incontroladas de minha pessoa.

Há, por outro lado, a aposta por interesse, exemplificada por B. Pascal. Citaremos seu texto (1962, p.224-5): " 'Deus existe ou não existe.' Mas de que lado penderemos? A razão nada pode determinar: há um caos infinito a nos separar ... É preciso apostar. Isso não é voluntário, somos obrigados. Por qual optar? Como é preciso escolher, vejamos o que nos interessa menos ... Pesemos o que se ganha e o que se perde optando pela existência de Deus. Vejamos estes dois casos: se ganharmos, ganharemos tudo; se perdermos, não perderemos nada. Apostemos então na sua existência, sem hesitar". Aqui estamos distantes da aposta por indiferença ilustrada acima por Descartes. O texto de Pascal lembra as insuficiências da razão em determinar-se, mas conserva suas virtudes de calculista dos interesses do apostador. Pois seu "temos tudo por ganhar e nada por perder" se apostarmos na existência de Deus por certo condiz com um raciocínio calculista. A aposta pascaliana nos situa no mundo quantificado das probabilidades. Se na aposta por indiferença a probabilidade de ocorrência do fenômeno em que se apostou não pode, no melhor dos casos, ser superior a um sobre dois, na aposta por interesse, da forma apresentada por Pascal, ela é bem maior. Nesse caso, o menos provável é a não-ocorrência do objeto da aposta. No entanto, há um ponto comum entre as duas formas de aposta: ambas supõem a passividade do apostador, que, depois de apostar, se contenta em esperar a sua confirmação ou a sua infirmação: em qualquer dos casos, formulada a aposta, o apostador só tem de esperar o veredicto dos fatos.

APOSTA ENACTANTE OU "CONCEPÇÃO" DO MUNDO

A aposta que propomos na verdade e no valor dos pressupostos da educação não é a expectante. Não apostamos nem por indiferença nem por cálculo. Fazemos uma *aposta enactante* que implique, ao mesmo tempo, a representação de um projeto e a ação prática para sua realização.[6]

A noção de enação deve ser apreendida em oposição à epistemologia binária clássica de inspiração cartesiana e mecanicista à qual F. Varela (1989a) faz duas críticas:

- "O mundo é predefinido", escreve ele (p.101-3) "ou seja, suas propriedades são estabelecidas previamente à atividade cognitiva." Nessa perspectiva, a noção de objeto adquire seu sentido etimológico de "lançado diante de nós", fora do sujeito cognoscente. Objeto conhecido e sujeito cognoscente são seres heterogêneos.

- ...Nossa cognição desse mundo predefinido ocorre a partir da representação de suas propriedades, e depois a partir de uma ação baseada nessa representação...

---

6 Aqui nos inspiramos no neologismo *énaction*, proposto por F. Varela, 1989a. Representação e realização são as duas faces do mesmo comportamento. Não ficamos à espera de que o veredicto dos fatos confirme – ou infirme – a expectativa. Agimos de tal modo que esta não seja desmentida.

O ato de conhecer, no âmbito da epistemologia clássica,[7] insere-se, portanto, num contexto dualista que separa o sujeito cognoscente do mundo por conhecer. Este é, por um lado, um conjunto de propriedades intrínsecas que o sujeito tenta adquirir na forma de informações e, por outro, um apelo de resolução de problemas cujos dados só ele contém. O mundo é um informador e um questionador alheio ao sujeito-informado e – às vezes – respondente. A atividade de um dos termos supõe a passividade do outro.

Nesse quadro, o valor do conhecimento reside na concordância que este consegue estabelecer entre o mundo do sujeito e o do objeto, que nada, inicialmente, predispõe à coincidência. A antiga definição leibniziana de verdade como *adequatio rei et intellectus* ganha então pleno sentido. O problema, de fato, é construir a adequação entre pensamento e mundo, que não são necessariamente adequados um ao outro. O dualismo cartesiano aí suposto consuma o divórcio entre coisa e espírito. A solução está então em seu casamento.

No âmbito da epistemologia clássica, porém, esse casamento não ocorre sob bons auspícios. Como vimos acima, fomos levados a descobrir duas impotências: a da razão – em seus princípios e estruturas –, em fundamentar os pressupostos da educação, e a da experiência, em validar seus conteúdos – pela verificação. As ciências atuais da cognição revelaram a primeira. A segunda é confirmada pela heterogeneidade alegada entre a coisa e o espírito, que, uma vez separados, não conseguem mais realizar a coincidência. Propor, por exemplo, a positividade da natureza humana e sua perfectibilidade como princípios de educação, como faz Rousseau, é um pressuposto que só poderia tornar-se certeza se tivéssemos condições de demonstrá-lo e prová-lo, integrando-o em nossos esquemas racionais e confrontando-o com o mundo da experiência. Ora, nesse assunto, constatamos dificuldades ou mesmo impossibilidade.

Fica claro que o dilema entrevisto, que só nos permite optar entre o niilismo negador de ação e a inconsistência das motiva-

---

7 Cf. F. Varela, 1989a, p.90.

ções do ato, tem origem na formulação do problema. A imagem de um mundo dual, feito de teoria e prática, pergunta e resposta, sujeito e objeto, pensamento e ação, projeto e realização, espírito e matéria etc., é uma abordagem da realidade que devemos superar rumo a outro paradigma, o da enação. A história da filosofia mostra que, a partir do momento em que os termos de cada um desses pares foram separados, sua reunião mostrou-se impossível. É verdade que Hegel tentou.[8] As teses de complexidade, atualmente, seguem-lhe a iniciativa. Pensamos que tal perspectiva, legada por autores como Husserl, Heidegger, Bachelard ou Piaget, é capaz de lançar luzes que possibilitem a fundamentação da educação mediante a construção da confiabilidade de seus princípios.

Para introduzir a noção de enação, utilizaremos uma observação feita durante uma pesquisa e uma obra poética. A pesquisa foi feita há cerca de vinte e cinco anos por R. Held e A. Hein.[9] Dois grupos de gatinhos são colocados, assim que nascem, na escuridão total. De vez em quando são expostos à luz, ocasião em que um dos dois grupos (que chamaremos de A), puxa um carrinho onde estão colocados os outros gatinhos que formam o grupo B. A experiência da luz para o grupo A está sempre ligada a uma atividade motora, e para o grupo B, ao contrário, a certa passividade. Ao fim de algumas semanas, os dois grupos são postos em liberdade. Os gatinhos do grupo A apresentam então comportamento motor normal, ao passo que os do grupo B comportam-se como cegos, dando encontrões nos objetos à sua frente. Aparentemente, não enxergam. F. Varela interpreta essa observação da seguinte maneira: "A visão não consiste em reconhecer uma realidade exterior, em extrair dela propriedades independentes de nós. Ver é acima de tudo orientar visualmente nossa ação. Não há percepção sem ação sobre o real".[10] Percepção não é a subsistência do percebi-

---

8 Cf. Hegel, 1947.
9 Ver sua descrição por F. Varela, 1993a.
10 Essa inserção da percepção na ação é o que Varela chama de ação encarnada. Ver a respeito F. Varela, E. Rosch, E. Thompson, 1993b.

do no percipiente. Torna-se componente de seu comportamento global. O dualismo percebido–percipiente está superado.

Após a observação dos fatos, a poesia. Trata-se de um trecho[11] que hoje em dia funciona como pólo de adesão dos pesquisadores que falam em nome do pensamento complexo. Seu autor, o poeta espanhol Antonio Machado, escreve: *Se hace camino al andar (faz-se o caminho ao andar)*. Quando seguimos um caminho no mato, sua trilha, trilho exterior a nós que nos indica a direção que deve ser tomada, e seu trilhamento, ou seja, o trilho que nossos passos vão deixando ao percorrer o trajeto que decidimos, mesclam-se num todo em que trilha e trilhamento se fazem caminhamento, produção do caminho. Trilhamento e trilha são inconcebíveis e impossíveis um sem o outro. Não há dualidade que separe quem caminha e faz o caminho do caminho que orienta quem caminha. Não há ativo distinto de passivo. Há caminhamento, em que orientação pelo caminho e construção do caminho são, no mesmo sistema, componentes complementares: um só pode realizar o que o outro torna possível.[12] Enação é o processo que leva à supera-

---

11 Extraído de Campos de Castilla, 1907-1917, canto XXIX de *Proverbios y cantares*.

12 Embora concordemos inteiramente com a clara imagem da construção do caminho ilustrada por Machado, parece-nos possível discutir um trecho de seu texto:
> *Caminante, son tus huellas*
> *el camino, y nada más;*
> *caminante, no hay camino,*
> *se hace camino al andar.*

(Caminhante, são tuas pegadas/o caminho, e nada mais./Caminhante, não há caminho,/faz-se o caminho ao andar.)
É verdade que o caminho se faz andando, mas reduzi-lo apenas às pegadas do caminhante não seria voltar às antigas afirmações dos idealistas, de que o objeto só existe pela consciência do sujeito? (Cf. Lagneau, 1964).
Acreditamos que o caminho seja construído conjunta e simultaneamente pelo trilhamento do caminhante e pelo traçado natural do solo, de que a trilha é reflexo. O sujeito faz o objeto respeitando seus dados. Se a enação é um casamento, negar a existência do caminho é privar o casal de um de seus parceiros. O mundo não preexiste ao homem no sentido de não ser o mundo em si, mas o mundo conhecido pelo homem.

ção do dualismo. É o caminhamento como síntese de trilha e do trilhamento, de ação e concepção etc.

O pensamento complexo no qual se enquadra a noção de enação pretende ser essencialmente tentativa de superação do dualismo que divide a realidade em dois mundos irreconciliáveis. Rejeita idealismo e empirismo, entre os quais se divide a epistemologia clássica.

No plano do conhecimento, o pensamento complexo recusa a redução idealista do ato de conhecer à marca de um sujeito que faria o objeto, assim como rejeita a modelagem empirista de um sujeito pelo objeto. A realidade apreendida pelo pensamento complexo não é de objeto *ou* sujeito, mas de objeto *e* sujeito. Com isso, recusa-se a noção de representação, porquanto esta congela a dualidade representado–representante. Recusa-se o idealismo que vê na informação recebida pelo sujeito uma representação do objeto in-formado por ele, chegando mesmo, às vezes, a considerá-lo pura criação de seu espírito. Representação e criação do objeto pelo sujeito supõem desaparecimento do primeiro como tal, portanto a confirmação do dualismo que os separa. Recusa-se também a perspectiva empirista, em que o sujeito desaparece, reduzindo-se a simples moldagem do objeto.

Da mesma forma, o pensamento complexo aborda a questão da origem dos problemas que se apresentam ao homem. Essa origem, para o idealismo, situa-se exclusivamente no nível do sujeito, variante da não-coincidência sujeito–objeto com as antinomias de seus esquemas cognitivos.[13] Para o empirismo, esses problemas têm como origem apenas as contradições do mundo objetivo. Portanto, na epistemologia clássica essa origem é subjetiva ou objetiva. O dualismo sujeito–objeto é, novamente, destacado. O pensamento complexo o recusa, na intenção de negar-se a cindir a realidade em dois mundos para depois lamentar a cisão, chegada a hora da verdade.

---

13 Empregamos o termo antinomia no sentido kantiano de *conflito entre as leis da razão pura* (cf. *Crítica da razão pura*. Dialética transcendental, 2ª parte).

No plano educacional, observa-se a mesma rejeição do dualismo pelo pensamento complexo. Ele recusa a visão idealista de humanidade – tanto no plano coletivo quanto no individual – como única produtora prometéica de seu corpo, pela biologia, e de sua pessoa, pela educação. Rejeita também a redução empirista dessa humanidade a um produto passivo de suas condições ambientais de evolução. Em cada uma dessas perspectivas, constata-se o reaparecimento de um dualismo que separa o homem do mundo, condenando-o a não mais poder compreender suas inevitáveis interações e a integrar-se nele. Esse cisma condena o idealismo a fundamentar os pressupostos da educação apenas no poder de decisão de um sujeito apartado do mundo e obriga a atitude empirista a explicá-los como puros produtos dos dados físico-biossociais conscientes e/ou inconscientes de um sujeito-receptáculo cuja presença se reduziria apenas à constatação de uma vivência. Se, no plano da ação e da educação, a atitude idealista desemboca na formação de um decididor mais ou menos despótico, a atitude empirista nos leva à formação de um escravo conformista... dando margem a todos os despotismos possíveis.

Entre as perspectivas idealista e empirista, a noção de enação não é uma posição de meio-termo, é uma posição diferente.[14] Pode-se buscar seu sentido no plano epistemológico, por um lado, e no educacional, por outro.

No plano epistemológico, o mundo não é um objeto predefinido cuja representação um sujeito construiria: o mundo é enactado, emerge de modo criativo do próprio ato de ser conhecido. Sujeito e objeto concorrem para definir um ser previamente indefinido. A trilha e o trilhamento do caminho, como vimos, geram o caminhamento. "A chave de abóbada da cognição", escreve F. Varela (1989a, p.122), "é sua faculdade de trazer à tona a significação ... A informação não é preestabelecida como uma ordem intrínseca ... Ela corresponde às regularidades que emergem das próprias atividades cognitivas." O mundo que vivencia-

---

14 Além da obra freqüentemente citada de F. Varela, ver, sobre a noção de enação: F. Varela, E. Rosch, E. Thompson, 1993 e Gadamer, 1976.

mos não é um ser que primeiro existe fora de nós e que nós depois procuramos conhecer. O mundo conhecido não preexiste ao ato pelo qual o conhecemos. Esse ato o cria como nosso objeto de conhecimento: ele emerge do encontro de nossa inteligência com o mundo.[15] O mundo vivenciado é enactado, visto que, não se reduzindo apenas à subjetividade idealista nem apenas à objetividade empirista, emerge do próprio ato de conhecer. Não é sujeito (apenas), nem objeto (apenas): é sujeito-objeto. É realmente o filho do casamento consumado entre a inteligência e o mundo. Pelo ato de conhecer concebemos o mundo, e aqui o verbo é tomado com seus dois significados de conhecimento e procriação que lhe são atribuídos por várias línguas (entre as quais a hebraica). Concebe-se uma idéia assim como se concebe um filho. Do mesmo modo, o hebraico *leakir* designa, ao mesmo tempo, o ato do conhecimento e o ato procriador de um filho. É esse o termo empregado no Gênese, quando se diz que Adão se dirigiu a Eva e a conheceu. O ato de conhecer é esse encontro original de um sujeito e um mundo, a partir do qual será formado um ser que é, ao mesmo tempo, o mundo-vivenciado-pelo-homem e o homem-no-mundo. A relação entre sujeito e mundo não é mais uma relação de representação que, distinguindo o representado e o representante, jamais consegue explicar realmente seu encontro. "Se o mundo no qual vivemos", escreve F. Varela (ibidem, p.92), "se realiza naturalmente, ao invés de ser predefinido, a noção de representação não pode mais desempenhar papel tão importante." Não há representação, mas produção por dois do mundo vivenciado, procriação de um ser único que tem o caráter de seus dois genitores.

Entre as numerosas implicações da noção de enação, uma nos parece particularmente importante: a rejeição à pretensão ao conhecimento absoluto de um mundo necessariamente marcado pela historicidade, porque inseparável do ato cognitivo que lhe dá nascimento. Os conhecimentos que temos dele "não

---

15 F. Varela lamenta que a língua francesa não disponha do equivalente do termo alemão *hervorbringen*, em que o prefixo *hervor* remete à idéia de golfada, jorro, extração, e o verbo *bringen* tem o sentido de produzir. *Hervorbringen* é produzir um objeto fazendo-o brotar de sua fonte.

são pré-definidos, mas *enactados*", escreve F. Varela (ibidem, p.91); *"fazemo-los emergir* sobre um pano de fundo, e os critérios de pertinência são ditados por nosso senso comum de maneira sempre contextual". Nosso mundo vivenciado é aquele que, pelo próprio ato que no-lo dá a conhecer, criamos ao mesmo tempo em que o pensamos, ou melhor, criamos pensando-o. Nós – como seres em situação, diria Sartre – concebemos o mundo aqui e agora e em tais circunstâncias. O conhecimento do mundo é seu co-nascimento:[16] ele nasce do encontro entre a faculdade humana de conhecer e o mundo exterior. O co-nascimento/conhecimento é nascimento do sujeito-cognoscente e do mundo-conhecido. Conhecimento e existência se fazem contemporâneos: co-nascer/conhecer é dar, no mesmo ato, existência aos dois termos da cognição, cognoscente-de-um-conhecido e conhecido-por-um-cognoscente, em que cada um é inconcebível e impossível sem o outro. Sua inseparabilidade faz assim inevitavelmente sua inserção no vivenciado. "As faculdades cognitivas estão inextricavelmente ligadas ao histórico do que é vivenciado, da mesma maneira que uma trilha antes inexistente aparece enquanto se anda", conclui F. Varela (ibidem, p.111).

Se nosso mundo vivenciado não preexiste ao seu co-nascimento/conhecimento, ele é então uma criação. Nosso ato de conhecer é criador por emergência do mundo e dos problemas que ele nos apresenta. No mundo da cognição assim como no da biologia, a concepção é criadora por superação de seus dados iniciais. Conhecimento e criação são contemporâneos, ou melhor, são as duas faces da mesma emergência. Criamos o que conhecemos conhecendo-o, e só conhecemos o que criamos.

Portanto, enação é concepção, ou seja, projeção-criação do ser concebido. "A imagem da cognição...", escreve F. Varela (ibidem, p.111-2), "não é a resolução de problemas por meio de representações, mas sim o *fazer-emergir* criador de um mundo, apenas com a condição de ser operacional ... A cognição ...

---

16 Aqui o autor se vale da homofonia, em língua francesa, entre um vocábulo e parte de outro: *naître* (nascer) e *connaître* (conhecer); *naissance* (nascimento) e *connaissance* (conhecimento). O leitor deverá ter isso em mente nas próximas citações desses termos no texto. (N.T.)

é a ação produtora, o histórico do casamento estrutural que *enacta* (faz-emergir) um mundo." A noção de enação, portanto, subjaz a uma antiga idéia das correntes fenomenológicas: não existem mundo em si, sujeito em si, objeto em si. O mundo que vivencio é meu não só porque tem as marcas de minha pessoa mas porque eu o crio ao participar de seu co-nascimento, criando-me a mim mesmo enquanto o concebo. O caminho que trilho é meu porque participo de seu co-nascimento ao traçá-lo. Traço o caminho que me guia. O círculo que vai do trilhado ao trilhamento fecha-se de novo. Não há começo; cada um segue quem o segue, faz quem o faz; há movimento interativo permanente.

A enação é também criadora dos problemas do mundo. Não há "problemas absolutos", não há objeto que apresente, em si, uma fonte de conflitos. Uma inundação, um terremoto não são, em si, problemas, mas passam a ser se, nas regiões onde ocorrem, houver populações ou paisagens em risco. Certas bactérias são inofensivas ou mesmo úteis; outras alteram nossa saúde. As primeiras não causam problema. Só o nosso encontro com as outras pode causar problemas. Não há, em si, "bactérias–problema", independentemente dos seres vivos cuja destruição elas possam provocar. Não há tampouco problema judeu ou problema negro em si. O judaísmo ou a negritude não são problemas em si, mas passam a sê-lo para o anti-semita ou o racista. O problema do racismo não se coloca apenas no nível do racista ou de sua vítima. Está na relação entre eles (incompreensão recíproca, rejeição ao outro, xenofobia etc.). Assim, os problemas apresentados pelo mundo vivenciado co-nascem a partir de nossa confrontação com ele. Contrariando a epistemologia clássica, para o pensamento complexo implicado na noção de enação, o mundo não é essa esfera exterior que nos agride com seus problemas, dos quais nos devemos tornar mestres e donos. Os problemas que se nos apresentam co-nascem a partir de nosso tipo de relação com o mundo. Haveria assim, à imagem da alegoria bíblica, como uma maldição ligada ao ato de conhecer, de "colher o fruto da árvore da ciência do bem e do mal", ato pelo qual Adão e Eva foram expulsos do Éden. Conhecer faz nascer problemas. O conhecimento exige lucidez e coragem.

Assim, na epistemologia clássica, o modelo de cognição apresenta um sujeito observador de um mundo exterior a ele, cuja representação ele tenta construir, um mundo pré-definido, universal porque o mesmo para todos, do qual está ausente a subjetividade, sendo ele o único portador dos problemas por resolver. Para o pensamento complexo, no qual se integra a noção de enação, essa paisagem apresenta o sujeito como uma das faces do complexo criador do mundo-vivenciado que nasce por meio do ato que o dá a conhecer e que o define num contexto em que o pensamento se encarna na vivência. Esse mundo é enactado, "parido" por ter sido concebido – nos dois sentidos desse termo – pela união do sujeito com o mundo, do pensamento com a ação, do projeto com a criação, da intenção com o ato etc.

No plano educacional, essa epistemologia do pensamento complexo pode possibilitar aventar uma hipótese capaz de aclarar o problema do fundamento dos pressupostos da educação: a educação implica uma emergência, uma criação e uma aposta.

Implica, em primeiro lugar, sua emergência. Vimos de passagem a atitude idealista, para a qual a humanidade deve apenas a si mesma o traçado de seu perfil, graças à educação que se dá. Essa educação formal, nascida tão-somente do projeto humano (educação familiar, escolar etc.) está, assim, desvinculada da educação informal como conjunto de influências recebidas de nosso ambiente físico-biossocial. Vimos também a atitude empirista, para a qual o perfil da humanidade é, ao contrário, produto passivo das determinações e eventualidades da educação informal, em que a decisão humana desempenha apenas papel de epifenômeno. Segundo esse ponto de vista, não somos o que decidimos ser, mas o que o meio faz de nós. Tanto para o idealismo quanto para o empirismo, as finalidades da educação, essa imagem que se tem do homem de amanhã para o qual tendemos, ou são decididas pelo homem, ou são impostas por sua cultura. Um certo maniqueísmo nos põe diante de uma alternativa: onipotência sem limites ou negação total da intervenção humana, que oscilaria assim entre o tudo idealista e o nada empirista.

Para o pensamento complexo, a educação não é nem fruto exclusivo de uma intervenção prometéica da humanidade nem apenas produto passivo de necessidades ambientais de sobrevivência: a educação é enactada. A educação que um grupo humano se dá é o produto específico engendrado pelos parceiros do par humanidade-ambiente; é um sistema emerso do encontro de um projeto humano com condições ambientais dadas, situadas e datadas. A educação, nesse sentido, é concebida, a saber, projetada e criada ao mesmo tempo e no mesmo ato por um encontro fecundo. A educação é enactada porque é pensada e realizada por um grupo humano num contexto historicamente determinado. O homem-Prometeu não tem poder de decisão isolado; não é uma voz no deserto. O que ele deseja e projeta é desejado e projetado a partir de dados contextuais que ele não decide e que são seus parceiros na realização de seu projeto. Ele não pode ignorar a voz de F. Bacon a lembrar que só vence a natureza quem lhe obedece. E, faça o que fizer, ele está sempre inserido numa natureza. Ele não é, tampouco, a resultante passiva de sua cultura. A educação que ele implementa é o filho concebido pelo encontro de seu gênio próprio com o seu ambiente, filho que não é nem um nem outro de seus genitores, ambos superados por sua própria criação. Essa abordagem nos leva à descoberta de uma das ambigüidades mais importantes da educação: ela é o instrumento da autotransformação da humanidade que leva em conta um ambiente do qual um dos componentes é seu sistema educacional. A educação traz em si a necessidade permanente de sua própria superação.

A educação como enação é também criação. Idealismo e empirismo a apreendem no contexto de um dualismo que a explica pela preponderância da intervenção humana – essencialmente por seu pensamento –, ou pela intervenção do ambiente físico-biossocial. Na perspectiva idealista, a escola ateniense seria explicada pela influência exercida pelos sofistas, de um lado, e por Platão e Aristóteles, de outro; a chamada pedagogia da escola nova seria oriunda do pensamento rousseauniano; a educação praticada nas escolas do III Reich alemão se basearia nos princípios do pensamento nietzschiano etc. Na perspectiva empirista, ao contrário, a reivindicação da autonomia pessoal como finalidade da educação seria reflexo de uma sociedade de tipo individualista; a importância atribuída à experiência pela pedagogia de J. Dewey, por exemplo, seria produto de uma sociedade sempre à procura de rentabilidade econômica etc. O pensamento complexo parece-nos superar essa confrontação dual. Para ele, o processo educacional é enactado pelo encontro homem–ambiente; toda educação carrega as marcas dos dois parceiros do par fator de enação, ao mesmo tempo que os supera, assim como o filho que, embora se distinga dos pais, deles procede. Constata-se, assim, que, em sua realização, um sistema educacional geralmente supera o pensamento que o inspira e que, no entanto, muitas vezes é portador dos germes de contestação do ambiente que se acredita ter-lhe dado origem. Em relação ao pensamento genitor, ele comete um parricídio, serrando o ramo ambiental sobre o qual se assenta. Em relação às suas origens é, ao mesmo tempo, respeito e contestação às fontes, e prepara sua desembocadura questionando seu presente. Vejamos um exemplo. Platão escreve (República, VII, 536d-537a): "Não há nenhum objeto de estudo que deva ser acompanhado de modo servil por um homem livre! ... Na alma ... nenhum estudo forçado se estabelece de modo permanente ... Por isso, homem excelente, cuida de não dar à força o alimento do estudo à criança, mas sim misturado a seus jogos, para seres ainda mais capaz de perceber quais são as inclinações naturais de cada uma". A filosofia da educação que, em nossa época, parece subjacente a esse trecho não seria rejeitada por um autor como Celestin Freinet, por exemplo. Contudo, sabemos como as finalidades da educação diferem num e noutro. Em Platão, essas finalidades se inserem num contexto de sociedade escravagista ("no homem livre", como esclarece ele), na qual levar em conta as "inclinações naturais" de escravos seria inconcebível. No entanto, sabe-se que essas inclinações naturais serão diferentes, conforme o indivíduo pertença ao grupo dos filósofos, dos guerreiros ou dos artesãos. O fechamento definitivo dos indivíduos numa categoria social dada pertence a uma filosofia que se situa num pólo oposto a outra, bem mais aberta, de um Celestin Freinet. A vivência atual do trecho citado de Platão – quaisquer que tenham sido suas finalidades iniciais, em outro contexto – é um apelo à liberalização da pedagogia, à abertura para a criança, qualquer que seja. Em outras palavras, essa corrente de liberalização não é filha de uma família monoparental: não procede apenas de Platão, nem apenas do ambiente atual: é enactada, engendrada pelo encontro dos dois. É a criação inovadora, a partir de ambos, de uma orientação da educação de que o próprio Platão provavelmente nem sequer desconfiou.[17]

Se, em razão mesmo de sua inserção na vivência, um sistema educacional pode superar – e até transgredir por vezes – seu pensamento inspirador, ele também supera o ambiente que o co-produz. A educação considerada como enactada é criação, por um lado por sua novidade em relação ao pensamento inicial, e por outro por seu caráter prospectivo no sentido dado por Gaston Berger (1967) a esse termo: ela é levada a contestar o ambiente que lhe deu origem para lançar as bases de seu ambiente futuro. Educar, nesse sentido, é ajudar a revelar os germes de amanhã. Um educador é um contestatário do estado presente, porque a educação é, por essência, superação de seus "pais": o pensamento que a inspirou e o meio atual que a realiza. Ela é, ao mesmo tempo, explicitação e contestação de seu pensamento genitor, assim como é reflexo e consciência do seu grupo gestatório: reflexo porque ela é sua filha; consciência porque ela se faz censor daquilo que nele lhe freia o acesso ao amanhã. Para Berger, a educação, assim, "não é a estéril evocação de coisas mortas, mas a descoberta de um ímpeto criador". Nesse sentido, não é de espantar que, cada vez com mais freqüência, a contestação do mundo atual nasça nas instituições educacionais. É longa a lista daqueles que encontraram em suas instituições educacionais um terreno de contestação social. Foi nos colégios jesuítas da Idade Média e do Renascimento europeu – a exemplo do de

---

17 Poderíamos acrescentar como exemplo de pensamento que só se expressa em relação a determinado ambiente histórico o fato de o pensamento de Rousseau só ter começado efetivamente a ser aplicado a partir da primeira metade do século XX. A pedagogia que prevaleceu durante os séculos XVIII e XIX, na França, é marcada pelo rigor preconizado por Inácio de Loyola e confirmado na era napoleônica.

La Flèche, na França, de que nos fala Descartes – que com freqüência foram descobertas, à socapa, obras não recomendadas pela instituição. No mundo moderno também, a contestação social muitas vezes se expressa prioritariamente nos meios educacionais (universidades, escolas etc.). É desse modo que podemos compreender obras como as de Abelardo, Erasmo, Thomas Morus, Rabelais, Lutero, Vives, Campanella, Comenius, Montesquieu, Rousseau e todos os pensadores do século XVIII em geral etc.

Portanto, a educação emerge de um encontro de duas realidades que ela supera para aparecer como realidade nova. Ela é emergência e criação. Supõe, ademais, uma aposta. Esse terceiro aspecto leva a nosso questionamento inicial: que verdade e que valor se podem atribuir aos pressupostos da educação e, particularmente, aos princípios portadores de suas finalidades? Vimos que a idéia de educação supõe uma humanidade em condições de construir sua própria felicidade; outrossim, ela implica necessariamente a positividade do homem cujo advento pretende preparar; exige, por fim, que a pessoa humana seja ao mesmo tempo perfectível e capaz de liberdade. Sem tais princípios, a educação se negaria a si mesma. Mas vimos também que esses pressupostos não podem encontrar justificação no nível da reflexão, por mais racional que seja, nem no das outras instâncias da pessoa (bioafetividade, inconsciente, características sociais etc.). Os pressupostos da educação, vividos efetivamente, são, ao mesmo tempo, deduzidos por nosso raciocínio, verificados em contato com a nossa experiência, objeto de nosso desejo, determinados por nosso inconsciente ou por nosso contexto sociocultural. No entanto, nenhum desses fatores garante realmente sua verdade ou seu valor. Em uma palavra, toda convicção real e pessoal quanto a seus reais fundamentos é ilusória. Ora, vale lembrar, é impossível não educar, como é impossível, de modo mais geral, não agir. Estará a educação, por isso, condenada a ser apenas caminhamento tateante num mundo impenetrável pelos meios de que dispomos?

Novamente, a referência ao processo de enação pode permitir fundamentar em verdade e em valor os princípios da educação sem negar as dificuldades que ressaltamos a respeito. Os pressupostos da educação não são produto apenas do raciocínio, ou do desejo, ou do inconsciente, ou do ambiente. São enactados no sentido que demos a esse termo; emergem de seu encontro. É aí que a enação assume aspecto de aposta: os princípios da educação não são nem decididos nem desejados; apostamos em sua verdade e em seu valor. Em que sentido?

Como, por um lado, não podemos fundamentar esses princípios, e se, por outro lado, não podemos educar de modo eternamente tateante em razão da ausência deles, nós os propomos nos termos de um *fiat*, tal qual o entende W. James, ou seja, por uma decisão pessoal cujo sentido está em ser escolha de vida, de uma moral, de certa filosofia de ação. Embora essa escolha não seja produto do raciocínio, nem por isso é necessariamente contrária à razão, mas exterior à razão. Não se faz contra a razão, porém sem ela.

No entanto, a aposta enactada não se reduz a um "palpite". Não é o ato gratuito do Lafcadio de *Caves du Vatican*, que A. Gide (1972) justifica atribuindo-lhe estas palavras: "Nada me incomoda tanto quanto a necessidade; eu sempre procurei só o que não pode me servir". O ato gratuito é, em última análise, rejeição a um mundo que se nos impõe porque exterior a nós, um mundo onde o sujeito, por não desempenhar papel algum, revolta-se. É a expressão de uma desesperança frustrante. A aposta enactada, que fundamenta princípios da educação, é, ao contrário, portadora de uma esperança mobilizadora. É pensamento-ação. É um mesmo ser que tem uma face que é pensamento como projeto teórico e outra que é ação como realização das condições de realização do projeto, portanto do sucesso da aposta. Não se trata de uma aposta expectante. Não me contento em apostar no valor dos pressupostos de minha ação e esperar que os resultados entoem um hino a seu sucesso ou soem o dobre de seu fracasso. A aposta enactada exige que eu pense meu projeto (no caso, o pressuposto educacional) e que aja para participar de seu sucesso, que faça seu sucesso. Não me contento em formular uma pergunta a um mundo que me é exterior, cuja resposta espero. Penso meu projeto como válido e ajo no sentido de que ele venha a sê-lo. Esse projeto não é predefinido como viável ou não. É minha ação, a saber, sua confrontação com as condições ambientais, que produzirá seu sucesso. A verdade e o valor dos pressupostos da educação não são dados de uma vez por todas, inscritos num mundo de que não passo de observador. Emergem de minha confrontação com o mundo, do encontro de minha reflexão sobre a educação com minha ação de educador; são enactados, dão origem a uma verdade nova, historicamente determinada por um apostador, pensador–ator de um projeto. Nesse caso, pensador e ator não se somam: são as duas faces de um mesmo ser.

Vejamos um exemplo de aposta enactada. Um dos pressupostos mais importantes da educação é o da perfectibilidade. Retomando a abordagem pascaliana do problema, podemos dizer que uma pedra não é educável porque ela é, desde sempre e definitivamente, o que será sempre. Como pedra, não é perfectível. Deus tampouco é educável porque, como ser sempre perfeito, será eternamente o que é agora. Não é perfectível, porque sempre portador de todas as perfeições possíveis. Só o homem é educável porque perfectível, porque não acabado, porque pode tornar-se diferente do que é. Contudo, essa asserção é uma constatação, e não uma verdade necessária, fundamentada numa estrutura lógica ou na experiência. Na convicção com que Bruno Bettelheim tentava convencer seus colaboradores de que uma criança autista, por maior que seja o grau de autismo, é perfectível, só se pode ver um ato de fé, e não a conclusão lógica e verificada de um raciocínio, nem a afirmação verificada de uma situação... futura. Até em casos menos dramáticos que os enfrentados por Bettelheim, o problema é o mesmo.

O professor, desde o primeiro contato com seu grupo de alunos, se quiser dar sentido à sua ação, não poderá deixar de os considerar, antes mesmo de os conhecer, capazes de melhoria, capazes de superar o estado atual em direção a outro estado que ele reputa preferível para eles. Considera-os *a priori* perfectíveis. Sua atitude não pode, porém, basear-se em real certeza. A esse propósito, diz-nos O. Reboul (1989, p.60), há "um 'crescimento' natural da criança, de que os educadores não passam de auxiliares, fazendo o que podem para facilitá-lo, mas sem jamais estar certos do resultado, sem jamais poder dizer se o crescimento ocorrerá, nem quando nem como". Dupla aposta, portanto: de um lado, na realidade do aperfeiçoamento; de outro, no seu valor. Mas Bruno Bettelheim, assim como nosso professor, não se contenta em supor, em fazer uma aposta expectante nas possibilidades de seus educandos. Fazendo uma aposta enactada na perfectibilidade deles, no mesmo ato ambos pensam seus progressos possíveis e os fazem progredir efetivamente, para que seja possível ganhar a aposta. Não ficam à espera de um veredicto. Elaboram-no. A criança por educar não é predefinida, independentemente do educador. Ela é aquilo que sua relação com o mundo – e com o educador, em particular – a faz ser. Aperfeiçoando-a, o educador participa de sua definição e, ao mesmo tempo, justifica a aposta que fez em sua perfectibilidade. A perfectibilidade do educando é filha do par pensamento–ação do educador. Não é deduzida nem desejada: é produzida por enação.

O SENTIDO DE UMA LIBERDADE

A aposta enactada que o educador faz no real fundamento dos princípios educacionais é uma manifestação de sua liberdade. Ao fazê-la, ele escolhe o sentido de sua ação, a imagem do homem que deverá emergir, seu comportamento em relação ao educando etc. Essa escolha por certo se insere nas determinações de sua pessoa global e de seu ambiente, mas, para além delas, como vimos, intervém sempre a marca de sua decisão pessoal, o *fiat* que James distinguia na origem de todo posicionamento. A escolha, portanto, é filha do encontro de um projeto com as determinações da pessoa, de um querer com um poder; emerge desse par superando cada um dos parceiros, ao mesmo tempo, seu querer inicial e seu poder do momento. Com ela, ele escapa, pelo menos em parte, das determinações contextuais, mas também das determinações pessoais, inclusive mentais. Esta seria uma possível resposta à reivindicação do Lafcadio de A. Gide, que procurava aquilo que não fosse exigido nem pela necessidade nem mesmo pelos imperativos lógicos: o educador, com sua aposta, participa da produção da verdade de seus princípios agindo no sentido deles. Não se contenta em pensá-los: tenta realizá-los. Lafcadio recusa-se a dobrar-se aos imperativos de um pensamento lógico exterior a ele, que se furte a seu querer. A enação é um pensamento–ação inerente à pessoa. O princípio se faz verdadeiro ao mesmo tempo pela reflexão que o pensa e pela ação que lhe dá corpo. A perfectibilidade da criança, proposta inicialmente como princípio da ação educacional, não é verdadeira *a priori*; é a ação educadora que a torna verdadeira, conseguindo aperfeiçoar essa criança. A verdade não é atributo apenas do objeto do conhecimento ou de seu sujeito. Ela está sempre sendo produzida, gerada, parida pelo encontro de ambos. Portanto, nunca é absoluta; é sempre a verdade de alguém a respeito de alguma coisa.

Nesse sentido, pode-se considerar autopoético o processo educacional, porquanto sistema que engloba reflexão e ação: é autoprodutor de seu sentido enactando-o de um pensamento–ação justificador de si mesmo. O ato gratuito era negação da passividade diante da utilidade e da verdade; a aposta enactada é participação em sua produção, e se torna uma forma possível de liberdade autêntica. O homem – em particular o educador – por certo não é um orgulhoso Prometeu, criador solitário do mundo. Conserva seu lugar no mundo para participar, com outros fatores, de sua evolução, que ele tenta orientar no sentido das finalidades que ele mesmo se dá. Ele não é nem nada nem tudo, mas um algo não desprezível.

Contudo, essa liberdade descortinada pela aposta enactada não deixa de ter riscos.

OS RISCOS DE EDUCAR

A aposta enactada nos reais fundamentos da educação comporta o risco de toda aposta. Um postulado pode ser tão-somente uma convenção reduzida ao mundo conceitual e expor, eventualmente, ao simples risco de erro. A aposta, ao contrário, expõe a risco de vida. O investigador enganado por um postulado equivocou-se. Deverá escolher outros postulados como pontos de partida de suas pesquisas antes de recomeçá-las. O homem de ação que apostou e agiu no sentido de um acontecimento que não ocorreu introduziu uma modificação indelével no curso das coisas. É conhecida a célebre observação de Aristóteles (1965): "Nem mesmo Deus poderia impedir que fosse feito aquilo que foi feito". Apostar é orientar para certo sentido a evolução dos seres e das coisas. Por certo o caráter enactado da aposta, aqui, pela intervenção efetiva do apostador em seu projeto pode reduzir os riscos implicados. Estes, porém, não desaparecem.

Outro risco importante da aposta nos princípios da educação. Como vimos, essa aposta não é feita sobre o solo firme e seguro da experiência cotidiana, mas diz respeito a finalidades cujas perspectivas estão distantes, logo são aleatórias. Se aposto na perfectibilidade de meu aluno e ajo, ao mesmo tempo, para realizá-la, há mais expectativa do que previsibilidade de efeitos. Será que minha ação, ligada ao projeto, produzirá efetivamente a enação, a emergência do processo em vista? Em outros termos, o risco em que o educador incorre refere-se à passagem do mensurável para o não-mensurável.[18] A ação educacional vivenciada pode ser mensurável, avaliável etc. As finalidades que a orientam, por sua vez, são da alçada do não-mensurável, da apreciação qualitativa das coisas, de seu valor. "Ora", escreve O. Reboul (1989, p.62), "a educação não pode reduzir-se aos resultados imediatos e mensuráveis que as técnicas possam produzir, ignorando o essencial: a formação a longuíssimo prazo de um espírito livre, capaz de pensar e julgar..."

Por fim, outro risco importante a que está exposto o apostador. O processo educacional situa-se num contexto inevitavelmente conflituoso, uma vez que, como vimos, é superação de seu projeto e das condições contextuais que lhe dão corpo. A educação é superação-negação de ambos. Conseqüentemente, a aposta enactada feita pelo educador num princípio de sua ação é sempre uma aposta contra uma realidade presente que a edu-

---

18 Ver a respeito O. Reboul, 1989, p.61-2.

cação tem como objetivo superar. A aposta se faz desafio. Apostar numa humanidade preocupada em construir sua felicidade, na positividade do homem que emergirá do processo de educação, em sua perfectibilidade e em sua liberdade possível, são todas apostas negadoras da realidade reinante, cuja superação se tenta provocar. São um desafio àquilo que, no presente, impede a emergência do futuro. A educação, nesse sentido, é necessariamente uma revolta, termo este tomado no sentido que lhe foi dado por A. Camus (1958).

A ROSA E O RESEDÁ

A aposta enactante nos reais fundamentos de seus princípios faz da educação o campo em que inevitavelmente se encontram o extra-racional e o racional, a rosa e o resedá cantados por Aragon.[19] Ninguém aposta na existência de um objeto cujo advento é certo; nesse caso, há previsão. Pode-se, ao contrário, fazer a aposta quando seu aparecimento é apenas provável ou verossímil, o que deixa o apostador hesitante ou vacilante. Portanto, o educador que fundamenta os princípios de sua ação numa aposta não tem visão clara. Já vimos (ver cap. II) que, ao cabo do raciocínio justificador, porém sempre insuficiente de seus projetos, ele recorre a um *fiat* extra-racional para pôr fim à sua dúvida e transpor o *Rubicão* da decisão. Clareza e obscuridade coexistem, pois, intimamente no nível dos fundamentos do processo educacional. Ao lado das justificações demonstradas pelo raciocínio e verificadas pela experiência, "há ... um mistério no âmago da educação", escreve O. Reboul (1989, p.63), "uma 'caixa preta' que se coloca entre os métodos pedagógicos e seu resultado ...". Pode-se generalizar: essa "caixa preta" coloca-se mesmo entre a prática educacional e sua justificação teórica.

---

19 *La rose et le réséda* é um poema escrito por Aragon em 1942, durante a ocupação alemã na França. Ele mostra a semelhança de condições de vida do oprimido, fosse *aquele que acreditava no céu* (a rosa), fosse *aquele que não acreditava* (o resedá). Esse poema foi publicado depois da libertação, em 1945, em *La Diane française*.

Essa existência inelutável do extra-racional nos fundamentos da educação nos introduz no mundo do sagrado. Se os valores que subjazem inevitavelmente às finalidades educacionais não podem ser deduzidos racionalmente, a educação contém necessariamente em si uma parte de extra-racional que chamaremos de sagrado. Esse é o ponto de vista defendido por O. Reboul (1989, p.112) ao escrever: "Quando falamos de 'valores', porventura não estaremos falando de outra coisa..., uma 'outra coisa' ... que na realidade é o sagrado? Se admitimos ... que não há educação sem valores..., não haverá educação sem certo sagrado". No entanto, é necessário, para clareza de nosso propósito, esclarecer aqui o sentido do termo. De que *sagrado* se trata? Na linguagem corrente, o sagrado apresenta dois caracteres essenciais: é extra-racional e apresentado como transcendente à pessoa; por isso, é arbitrário, porque não passível da livre crítica de quem o recebe. O caráter de revelação do decálogo, o dogma da imaculada conceição ou as profecias de Maomé são da alçada do sagrado, sendo transcendente às pessoas que os acatam e, assim, não dedutíveis pela reflexão nem confirmáveis pela ação. São arbitrários: devem ser recebidos extra-racionalmente pela adesão pessoal, que é o ato de fé. O. Reboul confirma essa abordagem: para ele (1989, p.113), "o sagrado é o irracional, o misticismo cego, o mistério que não se pode compreender; mais ainda: que seria sacrilégio querer compreender. Além disso, e principalmente, o sagrado é o arbitrário que destrói nossa autonomia ...".[20] E esse sagrado, para ele, não se reduz apenas à dimensão religiosa. Ele estende a noção a outras realidades. É sagrado o objeto ou o ato apreendido ou praticado por um sujeito cuja motivação transcende sua própria pessoa. As causas e razões de ser do objeto e/ou do ato situam-se num mundo que escaparia a suas determinações existenciais físico-biossociais, a

---

20 Mesmo acatando esse ponto de vista de O. Reboul, gostaríamos de substituir o termo irracional por extra-racional. O irracional é negador dos esquemas da razão. Afirmar que um objeto inteiro é menor que uma de suas partes é irracional. Mas o conteúdo de uma crença – afetiva, religiosa, política, estética etc. – é extra-racional, sem contradizer necessariamente os esquemas da razão.

seus móbeis afetivos e a seus motivos racionais. Esse objeto pode – ou não – ser Deus, essa atividade pode – ou não – ser uma prática religiosa. O sagrado não é necessariamente de origem divina; o ato de fé não é necessariamente religioso. Pode ser o objeto e/ou o ato com o qual escolhemos o sentido de nossa vida. Em várias ocasiões lembramos que os valores que fundamentam a educação – e nossa ação em geral – são, em definitivo, escolhidos mais que deduzidos. Essa escolha pode recair numa teologia ou no respeito aos direitos do homem. Nos dois casos, encontramos a transcendência e o extra-racional. Nos dois casos, a escolha é do âmbito do sagrado, de um ato de fé fundamentador dos raciocínios ulteriores. Nos dois casos, nenhuma justificação racional dá respaldo aos fundamentos do sistema teológico nem obriga a respeitar os direitos do homem. A partir deles será construído um sistema coerente, racional em suas estruturas e extra-racional (ou sagrado) em seus princípios. É por isso que O. Reboul escreve (op. cit., p.114): "O objetivo da educação, seja ela religiosa ou laica ..., não é mais ... destruir na criança o sentimento do sagrado, mas sim purificá-lo, elevá-lo. A educação da criança, a do gênero humano, é uma educação do sagrado". De fato, educar não é velar para a criança o mundo do sagrado extra-racional ao qual ela deverá necessariamente recorrer quando quiser dar um sentido à sua vida. É ajudá-la a escolher como princípios de vida, quando estiver em condições de fazê-lo com autonomia, os valores sagrados mais elevados. Educar é preparar o ser humano para vivenciar em si essa coexistência entre sagrado e racional. É ensinar a raciocinar com base em princípios escolhidos. Raciocinar e escolher são complementares. Educar é ajudar a revelar esse mundo ambíguo em que fé e razão, sagrado e racional são as facetas de uma mesma vivência. Toda educação fundamenta-se, ao mesmo tempo, na rosa e no resedá. O homem que deve emergir do processo educativo só pode ser um pensador de razões, ou um decididor de princípios. Ele pensa a partir dos princípios de vida que ele decidiu como fundamentos de sua existência, num ato de fé que fez, ou não, referência a uma realidade religiosa.

    O nosso é um tempo que carece de um instrumento de apreensão do mundo que seja enactado pelo encontro do sagrado extra-racional com construções racionais, e que supere os dois, superando assim a velha dicotomia fé–razão cujo casamento até hoje foi impossível. Agora, porém, cumpre fazer surgir um conceito novo que, nascido do encontro da razão com a fé como instrumentos de conhecimento, não seja da alçada exclusiva de nenhuma delas, englobando-as para dar conta de uma realidade menos simples do que a apresentada até agora pela filosofia clássica, uma realidade complexa, apreendida em suas duas facetas, a de ordem racional e a de desordem extra-racional, mundo da previsão calculada e do sagrado, da magia, do sonho etc. Esse novo instrumento de conhecimento deveria possibilitar captar a realidade de uma ordem desordenada, desse par cujo casamento um dia precisará ser consumado. As ciências da cognição têm aí um vasto e apaixonante terreno de investigações para decifrar.

O CASAMENTO SERÁ POSSÍVEL?

A aposta enactante pretende ser superação do dualismo no qual se fecha a epistemologia clássica, dualismo estéril porque opõe os dois termos do conflito, inteligência e mundo, pensamento e ação, projeto e realização, deliberação e decisão, eu e o outro etc. A aposta enactante pretende promover o casamento de parceiros que estão de mal, sem saberem que não podem viver um sem o outro. A tarefa dessa casamenteira, porém, não é fácil, pois o casamento nem sempre é possível. De fato, o fracasso de um empreendimento não poderá ser definido como impossibilidade de superar um conflito? Não lhe poderá ser atribuída a impossibilidade da enação? O eventual malogro da escola não poderá às vezes ser explicado pela dificuldade de "casar" os objetivos em vista com, por um lado, as perspectivas do grupo social e, por outro, as necessidades e expectativas das populações jovens? Em uma palavra, a síntese dos termos do conflito será sempre possível?

Essa pergunta nos leva ao cerne do questionamento filosófico ocidental. Em geral se admite que toda realidade é conflituosa, que seus componentes têm entre si relações de antagonismo com ou sem complementaridade. Esses antagonismos serão superáveis? Para Hegel, como se sabe, a oposição entre a tese e antítese é superável mediante uma síntese que, por sua vez, entrará em conflito com sua própria antítese. Ele escreve em *Ciência da lógica* (1947, t.1, 1, I, 2ª seção, cap. II): "A tese e a antítese e suas provas não contêm nada mais que essas afirmações opostas: o *limite* é e é ao mesmo tempo suprimido; o limite tem um além com o qual, porém, tem *relações*, mas deve ser superado, após o que se forma um novo limite que não é nem um nem outro". Outros pontos de vista, nas correntes da fenomenologia contemporânea, por exemplo, não adotam essa orientação. Para elas, o dualismo conflituoso é essencial ao mundo e não é superável. Não há síntese possível. Nossa existência é pensada e construída a partir da escolha extra-racional que fazemos de um ou de outro dos termos antagonistas. Não há superação, mas negação do conflito por negação de um de seus termos.

A posição de O. Reboul, a esse respeito, merece atenção especial. Para ele (1989, p.13), "embora as oposições sejam bem reais, a síntese não o é. Ela é da ordem da utopia. Mas a utopia não é coisa nenhuma; em certo sentido, ela faz parte do real, porque, denunciando implicitamente suas insuficiências, contribui para pô-lo em movimento". Essa utopia de que nos fala O. Reboul parece-nos próxima de nossa aposta enactante. As duas noções projetam para o futuro uma visão incerta, porém desejada, das coisas. Ambas são expressão de uma contestação dos dois parceiros presentes – pensamento e mundo –, cuja parceria deve ser superada. Ambas comportam risco indubitável. Mas, sem uma das duas, o mundo não avançaria. Há uma diferença, porém, entre as duas noções: a utopia não implica necessariamente, como ocorre com a aposta enactante, a inferência recíproca de pensamento e ação. Contudo, essa referência à utopia nos permite fundamentar, por um lado, o valor, e por outro a possibilidade da aposta enactante, do "casamento" dos parceiros do conflito.

Se na linguagem corrente a noção de utopia é muitas vezes utilizada em sentido pejorativo – utópico reduz-se a irrealizável –, sua análise, porém, permite entrever seu valor e sua fecundidade. Auguste Comte (1928, *Discurso preliminar*, 5ª parte, 1, 285-6) reconhece esse seu valor tanto no domínio das coisas sociais quanto no das ciências da matéria: primeiro é preciso imaginar o amanhã para ter como o realizar. A utopia precede sempre a realidade, cuja primeira fisionomia muitas vezes ela é. Mais próximo de nós, Gaston Bachelard (1934, p.173) lembra que "o espírito científico é essencialmente uma retificação do saber ... Julga seu passado histórico, condenando-o. Sua estrutura é a consciência de seus erros históricos". Estamos aí diante de uma das implicações já vistas da aposta enactante: ela é, acima de tudo, negação dos termos do conflito em seu estado presente, como produto de seu passado. Portanto, se a superação do passado é indispensável, o passo adiante se faz negação do presente, logo criação, invenção, utopia arriscada que se abre para a nova – e provisória – paisagem pensada e vivenciada de amanhã. A imaginação, irmã da utopia e condição da enação, mostra-se então insubstituível. "É na surpresa criada por uma nova imagem", escreve muito a propósito M. Juvet (citado por G. Bachelard, 1934, p.175), "ou por uma nova associação de imagens, que se deve ver o mais importante elemento do progresso das ciências físicas, pois é a admiração que excita a lógica ... e a obriga a estabelecer novas coordenações; mas a causa desse progresso, a razão da surpresa, deve ser procurada nos campos de força criados na imaginação pelas novas associações de imagens, cujo poder dá a medida da felicidade do cientista que as soube reunir." A aposta enactante, em razão mesmo da utopia de que é portadora, é um instrumento imprescindível da humanidade em seu desejo de superar o presente para orientar-se no sentido de um valor que ela tenha escolhido.

Se a aposta enactante demonstra ter certa fecundidade, será ela, ademais, possível? Só poderá ser se considerarmos essa possibilidade como um de seus atributos objetivos. A síntese pensamento–mundo, eu–outrem etc. não é possível ou impossível em si. Ela é possibilitada por sua concepção em nível de aposta enactante, no sentido que já propusemos desse termo: a possibilidade de síntese é filha do encontro, do casamento, no sujeito, do par formado por seu projeto de superação e a ação que o realiza. A possibilidade ou a impossibilidade de síntese não é um dado do mundo, mas uma conquista enactada do encontro homem–mundo. E esse encontro é inelutável. Não há mundo sem homem, nem homem sem mundo. Nosso mundo é um mundo vivenciado por nós, um mundo-do-homem, que traz, portanto, a marca do homem. A aposta enactante é o ato de marcação do mundo pelo homem. Por certo existe uma neguentropia natural que, sem intervenção humana, garante a superação dos conflitos físico-bioquímicos ditos naturais. Existe, ademais, uma neguentropia humana, uma reorganização por superação desses conflitos quando, por uma aposta enactante, essa superação é realizada por intervenção do homem, no sentido de valores por ele decididos. A aposta enactante, assim, não é simples negação do par conflituoso inicial, mas orientação humana significante dessa superação.

Nesse sentido, a aposta enactante nos parece ser a expressão possível de uma autêntica liberdade do homem que é capaz de não ser reduzido às determinações de sua existência, orientando-a num sentido que ele decide, graças à consideração e à superação de seu projeto e dos dados do mundo, do desejável e do possível. Liberdade jamais total, sempre marcada pelos gravames do mundo, sempre por perfazer.

CAPÍTULO IV
A MORAL DA EDUCAÇÃO

O edifício educação se nos apresenta com diferentes "andares". Nele ingressamos pela prática educacional, ajudando o educando na aquisição de saberes, assim como de "saber fazer" e "saber ser". Para ter os meios de ajudar precisamos estar informados em termos de ciências da educação, psicologia, psicossociologia, sociologia, didática, história, biologia, economia etc. Por fim, a ação e a reflexão educacionais implicam questionamentos atinentes às suas finalidades, o que traz à baila a filosofia da educação. Com freqüência excessiva a análise do edifício se detém nesses três "andares". Isso, parece-nos, é privá-lo de uma dimensão importante, a da moral da educação. O fato de que educar exige do educador certo comportamento vinculado ao sentido de sua ação. É o conjunto dos componentes desse comportamento que constitui a moral da educação.[1] Quais serão eles?

O educador é – ou deve ser – uma pessoa lúcida e livre, que tenha a coragem e o entusiasmo que possibilitam a aposta enac-

---

1 Está claro que a moral da educação não se confunde com a educação moral, cujo objetivo é fazer emergir no educando um comportamento condizente com os imperativos morais da cultura vigente.

tante na emergência de certo tipo de homem em direção a uma transcendência sempre renovada.

LUCIDEZ E LIBERDADE DO APOSTADOR

O educador é uma pessoa lúcida quanto às condições de sua ação. Não se educa qualquer um de qualquer jeito. O processo educacional é um sistema cujos componentes se chamam educador, educando, conteúdo do ato de educação, método de implementação, objetivo em vista etc. Cada um deles tem uma característica cuja apreciação é condição *sine qua non* do sucesso do empreendimento. É a essa apreciação que se têm dedicado as ciências da educação, cujo objeto essencial reside no domínio dos meios utilizados no ato de educar. Que tipo de relação estabelecer com o educando? Que conteúdos transmitir? Segundo que método? Que sentido dar à avaliação do aluno? Que significado tem o esforço no meio educacional? Que sentido deve ter a autoridade do educador junto ao educando? etc. São questões que, atualmente, decorrem da abordagem científica das problemáticas educacionais.

Contudo, essa abordagem da educação pelos seus meios tem limitações que exigem uma superação em dois níveis:

1 Se o método científico comporta expectativas – e realizações efetivas –, seu apogeu é atingido quando ele toma consciência de suas próprias limitações. É certo que sua estrutura analítica permite esclarecer componentes da realidade educacional, mas dificulta ou mesmo impossibilita sua apreensão global, logo a compreensão de seu sentido. Assim, cumpre que haja uma superação no sentido da realização de uma síntese dos componentes dessa realidade, o que permitirá escapar às injunções da experiência imediata. É um cientista, H. Laborit (1987), que nos lembra: "Se existe algo de censurável na ciência, é ser dividida, e não ajudar o homem a situar-se no universo. Isso decorre de sua compartimentação. Nenhuma idéia de conjunto recolhe as inumeráveis descobertas analíticas para dar uma visão sintética e evolutiva do homem ... Ora, quanto mais amplo e audacioso for um quadro sintético que tente dar

algum sentido à vida humana, menos ele se prestará à verificação experimental imediata".
O processo educacional não foge a isso. As ciências da educação são inevitavelmente levadas a segmentar seu campo de investigação, afastando-se assim da apreensão possível de seu significado profundo. Um aluno não é uma montagem heteróclita de motricidade, bioafetividade, inconsciente, pensamento etc. Ele reage ao mundo com toda a globalidade de seu ser organizado. É essa organização que o educador tenta atingir, e não uma de suas parcelas, isolada das outras. Após a análise científica da realidade educacional, a realização de uma síntese significante de seus componentes é, pois, indispensável. No plano epistemológico, é ainda H. Laborit (1985) que faz essa recomendação, ao constatar que "a investigação deve preocupar-se em formar especialistas que também sejam generalistas. Cultura interdisciplinar básica, cultura especializada depois, a seguir interdisciplinar de novo. Encontramos aí a noção do sintetista generalista e reestruturador, necessária à sociedade de amanhã, que não será apenas de consumo mas também estará em busca de estruturas universais e de estruturas da vida em particular. O pesquisador deve ser um regente de orquestra". O educador deve, do mesmo modo, ser o regente de suas ações, para que a orquestra de suas pesquisas se mostre em sua unidade, a saber, em sua verdade. Se o método científico o obriga inicialmente à abordagem analítica do educando, num segundo momento incumbe-lhe reconstituir sua globalidade sintética essencial, pois se não o fizer estará condenado a só lhe tocar a sombra.
2 As ciências da educação tentam responder ao "como" dos processos. Não é seu objetivo abordar o "porquê" constitutivo do significado profundo de seu objeto. Elas estudam como se comportar, como transmitir, como avaliar, como ajudar etc. Sua prática deixa de lado as finalidades do comportamento, da transmissão, da avaliação ou da ajuda: ela não diz que tipo de homem deveria emergir. Essa limitação de seu campo exige, então, uma filosofia da educação reveladora de valor: se as ciências da educação conseguem determinar o ser da situação educacional, a filosofia da educação reconstitui seu significado unifica-

dor, propondo um dever-ser justificador dos meios aplicados. Por que educar? Para formar que tipo de homem? Esse questionamento das finalidades responde a duas necessidades: continua a reflexão científica e dá às suas conclusões uma unidade capaz de conferir sentido. Só posso justificar determinado método empregado em minha ação de educador à luz do significado unificador que construo do homem que dela emergirá. Ainda que inicialmente, em razão da urgência de suas tarefas, o educador seja um analista dos meios de sua ação, sua lucidez o levará inevitavelmente a tropeçar nos limites dessa análise. A consciência do que ela lhe ensina revela-lhe o que ele ignora. A lucidez do educador faz-se, assim, mãe de sua prudência.

De outro modo, a passagem do como ao porquê, da realidade ao valor, do ser ao dever-ser, implica uma transformação do modo de abordagem. Não se responde ao porquê tomando o caminho que leva a responder ao como. Uma conclusão científica sobre os meios da educação é elaborada pelos mecanismos da observação, da indução, da dedução, da verificação. Esse é o universo da razão e da experiência. A escolha de uma finalidade, a opção por um valor, o traçado do perfil de certa humanidade desejada são da alçada da extra-razão. Posso demonstrar, justificar pelo raciocínio e pela experiência o que é; quanto ao que deve ser, só posso optar, esperar que aconteça, extra-racionalmente. As duas abordagens, porém, não se opõem. Elas são complementares. As ciências da educação sem filosofia da educação são cegas, como a segunda é paralítica sem as primeiras. Os meios que emprego para levar a bom termo minha ação educacional só têm sentido relativamente ao valor que atribuo ao indivíduo de amanhã que deverá dela emergir. E esse valor não é deduzido de nenhuma cadeia de razões, não decorre de nenhum "logo". É escolhido no âmbito de um "é preciso", que põe termo a todas as hesitações, obscuridades e insuficiências da reflexão. Sua afirmação entra no âmbito do *fiat*, da aposta enactante, como vimos, que, ao mesmo tempo, limita e prossegue o raciocínio. Apesar das inevitáveis zonas obscuras de minhas justificações racionais, aposto no sucesso possível de meu projeto e pronuncio o "que assim seja" desencadeador de ação. Como em toda aposta, o racional tem prosseguimento pela intrusão no extra-racional, numa forma de sagrado, com tudo o que isso implica de risco e pretensão audaciosa. "Na posição de Deus", escreve, nesse sentido, C. Gimel (1992), "na posição de Estado, o indivíduo terá então lucidez suficiente para assumir essa tarefa de ordem sagrada? ... Lucidez quer dizer a consciência que ele tem de seu papel e de seus próprios limites." Lucidez prudente, portanto, mais que nunca indispensável ao educador de hoje, que só tem direito a uma única convicção real: apenas a razão não pode fundamentar a certeza de uma finalidade educativa. O poder do raciocínio comete então seu ato mais decisivo quando reconhece seus próprios limites: seu poder de concluir deve tornar-se liberdade de apostar. "Reconhece-se a verdadeira racionalidade", escreve muito bem E. Morin (1993, p.188), "na sua capacidade de reconhecer suas insuficiências." E a consciência dessas carências é o motor de sua evolução. "A civilização", prossegue adiante E. Morin (op. cit., p.216), "na própria insatisfação causada por suas satisfações, produz a retomada da insatisfação antropológica, ou seja, o prosseguimento da hominização."

Portanto, a atitude do educador deve tornar-se científica e intuitiva, mescla de saber e crença, de razão e extra-razão, *concludente* e *apostadora*. Deve, essencialmente, ser consciência de uma ambigüidade fundamental. "Ciência e não-ciência, ciência e filosofia, sonho e filosofia", escreve D. Terré-Fornacciari (1991, p.122). "Parece que não há disciplina e tampouco nenhum tipo de conhecimento ou experiência que devam ser excluídos, como meio ou fim, do grande somatório do saber." Morreu o velho paradigma dualista que exaure saber e crença numa oposição estéril em que cada termo exclui o outro. A aposta numa crença não é oposta ao saber racional; é sua necessária iniciadora no plano dos princípios e a indispensável continuadora no das conclusões. O raciocinador raciocina a partir de princípios não deduzidos mas escolhidos, nos quais apostou; para que suas conclusões se afirmem, ao fim do raciocínio, falta a demão da aposta enactante.

O educador é uma pessoa lúcida. Também é uma pessoa livre. Sua aposta enactante o expressa em sua liberdade à imagem do herói de que fala Hegel (1979, I, cap.III, 2, 1): "Os heróis ...

são indivíduos que, na independência de seus sentimentos e de sua vontade individuais, aceitam toda a responsabilidade pelos atos que praticam, e é em virtude e sob o imperativo de sua vontade particular que realizam o que é justo e moral ... De tal sorte que a individualidade contém em si sua própria lei, sem ser submissa a uma lei, a um juízo e a um tribunal externos. É assim, por exemplo, que os heróis gregos são produto de uma era pré-legal ou se tornam fundadores de Estados, de tal modo que o direito e a ordem, a lei e os costumes emanam deles e apresentam-se como sua criação individual, que fica ligada à sua lembrança". O indivíduo – do modo como o apresentamos –, por meio de sua livre aposta enactante, se não se faz criador, faz-se pelo menos decididor dos valores de sua ação, que ele concebe, ou seja, que ele pensa e realiza ao mesmo tempo e no mesmo ato.

Se, por sua lucidez, o educador se submete a leis e regras pessoais, relacionais e ambientais do processo educacional, pela aposta que faz em seus valores e suas finalidades, eleva-se, ao mesmo tempo, à liberdade e à autenticidade: ele é autêntico em sua aposta porque, escolhendo um valor, escolhe-se a si mesmo. Se a reflexão, em geral, enquadra-se num contexto grupal, a aposta num valor é um compromisso pessoal. É o ato pelo qual a pessoa individual tenta – e às vezes consegue – escapar ao molde social. "Essa escolha", explica J.-P. Sartre (1949, p.632), "nada mais é que o *ser* de cada realidade humana, e equivale a dizer que determinada conduta parcial *é* ou expressa a escolha original dessa realidade humana, pois, para a realidade humana, não há diferença entre existir e escolher." Para Sartre, o ser da pessoa define-se como unidade indivisível de seu poder de escolher e de agir livremente. "Para a realidade humana", diz ele (ibidem, p.495), "ser é escolher-se."

A moral da educação, portanto, comporta a exigência de liberdade, logo de responsabilidade para o educador. Se os meios de sua ação exigem uma clara visão de fatos e leis que não dependem dele, sua resposta deve ser a aposta enactante feita conscientemente em suas finalidades. Não está em seu poder que as leis da cognição infantil apresentem este ou aquele caráter; mas é de sua responsabilidade escolher como fim de sua ação a emergência de um indivíduo dotado de autonomia ou fundido no crisol social. É por essa escolha que ele afirma sua liberdade, logo seu ser, para além de suas determinações internas ou externas. "Acredito que um homem sempre possa fazer alguma coisa com aquilo que fizeram dele. Esta é a definição que eu daria hoje de liberdade", esclarece J.-P. Sartre (1993, IX, p.101-2): "o pequeno movimento que faz de um ser social totalmente condicionado uma pessoa que não restitui a totalidade do que recebeu de seu condicionamento; que faz de Genet um poeta, por exemplo, ainda que ele tivesse sido rigorosamente condicionado para ser ladrão".

O educador é um navegador que estuda sua rota por todos os meios científicos de que dispõe, mas que, antes da partida, escolheu livremente a direção por tomar e nela apostou. Navegar implica obediência e escolha apostada: obediência ao peso dos meios para realizar o percurso e escolha pessoal da rota. Do mesmo modo, o educador deve apreender com lucidez os meios de sua ação e apostar livremente no aspecto que deseja ver no homem futuro.

Portanto, a lucidez do educador deve ser ao mesmo tempo conhecimento racional dos meios da educação e aposta no valor de suas finalidades. É reflexão e escolha. Os instrumentos da primeira são a observação, a indução, a dedução e outra verificação; a segunda é uma questão de decisão extra-racional. No entanto, embora escape, pelo menos em parte, ao raciocínio apenas, essa aposta não é necessariamente expressão de um comportamento de submissão mística a uma instância absoluta. Em outras palavras, a aposta que o educador faz em suas finalidades não é sinônimo de dogmatismo.[2] E isso por duas razões importantes:

1 A aposta extra-racional numa finalidade em educação diz respeito àquilo que K. Jaspers (1973) e M. Blondel (1993) chamam de "fé filosófica". Para o primeiro, essa fé é submissão a

---

2 Damos a esse termo o sentido que Kant lhe atribui (1973, p.78): "Por rigorismo em metafísica, a crítica entende uma confiança geral em seus princípios, sem crítica preliminar sequer do poder de conhecer, apenas por amor ao sucesso".

uma transcendência, sem contudo fazer referência a um compromisso de tipo religioso, definido como tal. Em outras palavras, a transcendência fundamentadora da escolha não é necessariamente derivada de uma abordagem teológica do mundo. Para o segundo, a fé filosófica não pretende afirmar nenhuma verdade transcendental: ela é questionamento. Interroga a filosofia sobre os problemas efetivamente vivenciados, mas que ela ainda não apreendeu. Essa fé filosófica é onipresente em nossa reflexão cotidiana, vestida nas roupas da evidência racional. Não duvidamos de que o todo seja maior que suas partes, ainda que não tenhamos uma demonstração racional. Já vimos (ver cap.II) que os princípios do pensamento, axiomas, postulados, entram nessa categoria de proposições, sem representarem um dogmatismo qualquer que, na acepção mística e/ou religiosa do termo, mais afirma realidades do que formula perguntas.

Será possível fundamentar assim o demonstrado no indemonstrado, sem cair na submissão mística a uma realidade colocada como absoluta? Poderíamos responder afirmativamente a partir de uma crítica da argumentação de E. Durkheim (1963) em sua tentativa de fundamentar uma moral sem referência a normas religiosas. Ele acredita que o educador tem condições de "fazer a criança entender não só quais são seus deveres como também quais são as razões de seus deveres". Segundo ele, é possível dessacralizar a majestade de toda moral baseada numa norma transcendental, "explicar essa majestade, dar-lhe expressão puramente científica, sem a fazer desaparecer ou sequer diminuir" (ibidem, p.139).[3] Portanto, segundo Durkheim, poderíamos explicar os princípios morais. Mesmo admitindo essa possibilidade, não poderíamos negar que esses princípios estariam fundados numa norma moral, um valor que, por sua vez, não diria respeito a um ser demonstrável, mas a um dever-ser indemonstrável, proposto, decidido, em suma, apostado, enactado. Parece-nos que a argumentação durkheimiana, nesse

---

3 Sobre esse problema dos fundamentos da moral, ver também Gurvitch, 1950; Henriot, 1967; Lukes, 1973; e Pickering, 1979.

aspecto, só faz transferir o problema. Pretende tudo demonstrar ignorando o fundamento da demonstração. Ora – repetimos –, em toda cadeia de razões o demonstrado se fundamenta no indemonstrado. Mas acatamos Durkheim quando ele reconhece que esse fundamento não é sinônimo de atitude de submissão dogmática e mística. Em que condições isso pode ocorrer?

2 A aposta extra-racional não é dogmática quando seu conteúdo – valores fundamentadores da educação – não é apresentado como definitivo. Aqui retomamos o ponto de vista de G. Bachelard quando ele escreve que "os *a priori* do pensamento não são definitivos". Raciocino sobre os meios de minha ação de educador e aposto em certas finalidades que constituem seu sentido de maneira extra-racional, mas considero, ao mesmo tempo, que essas finalidades são passíveis de modificação segundo as circunstâncias da história. Aposto, hoje, na perfectibilidade como fundamento inelutável da educação, mas conservo a consciência de que essa aposta é datada e situada. É esse critério de evolutividade que O. Reboul (1991, p.110) escolhe para reconhecer a virtude essencial da cultura ocidental como capacidade de "mudar sem se renegar, poder abrir-se sem perecer". A historicidade da educação não exige que ela se torne outra ao se negar, mas que continue sendo ela mesma na consciência de que esse movimento, em sua existência, é inevitável. A educação está sempre sendo ela mesma e outra. O par identidade–alteridade constitui assim a essência e o sentido de seu ser. É essa abertura que nos parece capaz de conciliar a evolutividade das coisas e a perenidade do sentido. Se essa evolutividade constitui a essência do mundo, não é mais a mudança a negadora de sentido, mas sim o dogmatismo fixador de sentido que se faz não-sentido. Um sistema dogmático de educação que proponha finalidades imutáveis como condições *sine qua non* de sua existência não pode vislumbrar a menor modificação sem se destruir. É esse tipo de dogmatismo que dá ensejo a atitudes infra-educativas, rigoristas porque rígidas.

Assim, o educador tem por dever não se reduzir nem ao exclusivo rigor apolíneo, nem ao exclusivo devaneio dionisíaco. Ele é, ao mesmo tempo, Apolo e Dioniso, análise organizada e imaginário criativo, racionalidade discursiva obediente às condições dos meios de sua ação e aposta enactante fundamentadora de seu sentido. Ele deve ser, ao mesmo tempo, homem de raciocínio organizador e de crença fundadora. Sua aposta enactante é expressão de sua liberdade de educador cuja ação não é produto nem das determinações ambientais apenas, nem de uma decisão solitária. Apostando, ele se afirma como ruptura relativa dessas determinações e de sua solidão. Sua liberdade não é absoluta. É uma liberdade no mundo.

A CORAGEM ENTUSIÁSTICA DE EDUCAR

Um educador é inconsciente ou corajoso. Depois da lucidez prudente e da liberdade de apostar, a coragem é sua virtude indispensável. O educador que se quer consciente do sentido de sua ação deve ter coragem de educar, em razão, por um lado, do significado da educação no contexto humano atual e, por outro, do risco que sua ação comporta.

Como analisamos acima, a educação, do modo como é concebida em nossa cultura, considera ser seu objetivo preparar e realizar a pessoa global de amanhã, assim como a genética tenta modelar a pessoa física. Prometeu assume aí uma terrível responsabilidade ao aceitar apoderar-se de um fogo com o qual ele mesmo talvez se queime. Os sistemas de educação de países atuais que têm estruturas políticas despóticas são exemplo desses riscos. Revelam o poder dos sistemas de educação capazes de levar gerações de crianças a clamar em uníssono vínculos muitas vezes místicos com uma ideologia, um homem ou uma instância qualquer. O educador não será, por sua vez, responsável por esse tipo de recrutamento? Para ser eficiente, essa ideologia deve ser transmitida, o que só é feito em instituições educacionais de que o educador, muitas vezes, não passa de engrenagem. Sua virtude não seria, nesse caso, a coragem de dizer não àquilo que seus valores pessoais rejeitam em nome da idéia que ele tem da pessoa humana? Em todo caso, o empreendimento educação, em nossa época, se faz sistema de recrutamento ou de desenvolvimento da humanidade, segundo a escolha inicial das finalidades de quem o promove. Dessa escolha depende sua fisionomia futura. Peso terrível de uma responsabilidade que exige do educador coragem para enfrentá-la e, em todo caso, uma escolha determinante a ser feita quanto ao sentido profundo de sua ação.

Contudo, não basta basear a educação em finalidades respeitosas da pessoa humana para evitar o risco de sua perversão. Em primeiro lugar, contra as alegações intelectualistas, é preciso lembrar que não basta conceber o bem para realizá-lo. Às vezes, perspectivas que respeitam a pessoa humana coexistem com uma ação educacional que as nega. Hegel preconiza como comportamento educacional uma real coerção do educando por parte do educador... em nome do respeito por sua liberdade. Por outro lado, tivemos de justificar a existência da aposta enactante pela insuficiência da informação que a reflexão nos dá. A educação é construída sobre pressupostos que não fundamentamos, mas nos quais apostamos. Entre esses pressupostos figura, como vimos, a imagem da humanidade de amanhã tal qual a educação a deseja. Essa imagem não é clara nem – por isso mesmo – convincente. Portanto, pede-se à educação que desenhe a humanidade de amanhã sem que esse desenho possa ser claramente apreendido e justificado. Deseja-se, em nosso contexto atual, que dos sistemas de educação saiam consumidores–produtores, mas nem sempre são consideradas as conseqüências possíveis dessa redução do homem apenas à sua dimensão material. No nível das determinações das finalidades educacionais o erro, portanto, é possível, erro cuja vítima seria o próprio homem. Só a possibilidade desse erro já não exigiria certa coragem para aceitar participar de um projeto de dimensão universal, mesmo não possuindo claramente as engrenagens nem as ferramentas indispensáveis?

Pode-se dizer, ainda, que se supõe haver coragem na origem de toda ação, e não só do ato educacional. Retomando a análise de Platão (Laques, 190d-3d), verifica-se que a coragem supõe, ao mesmo tempo, conhecimento da situação vivida e ignorância dos perigos em que se incorre. Sei que há perigo, mas minha coragem me incita a enfrentá-lo, deixando na sombra de minha ignorância aquilo que eu faria se me confrontasse com ele. Aristóteles, por sua vez (1965, II, cap.7, 1107a, 28), situa a coragem entre o medo e a audácia. O primeiro privilegia o conhecimento dos riscos da situação; a segunda supõe sua ignorância. Tanto em Platão quanto em Aristóteles, a coragem se mede pelo grau de conhecimento do perigo. Acreditamos, porém, que ela não se reduz à dimensão cognitiva. A coragem indispensável ao educador baseia-se na vivência que ele tem do risco em que incorre na sua ação. O "fazer" consciente é um instrumento que visa a um objetivo ou a um fim previamente determinado. O que cria o risco é a distância que separa o instrumento usado do fim em vista: nunca se pode afirmar peremptoriamente que o instrumento é adequado ao fim. Em outras palavras, é suspeitosa a relação entre instrumento e fim: o primeiro estará realmente em condições de realizar o segundo? Nesse sentido, todo fazer consciente implica um risco. Se "fazer é realizar um projeto pela aplicação de meios dispostos e organizados como instrumentos claramente percebidos de tais projetos", como escreve M. Pradines (1948, p.345), a educação em si mesma exige coragem do educador, que só pode acreditar e apostar, sem pretender ter convicção total, na eficácia da relação existente entre os meios que aplica e os objetivos e os fins que persegue. Encontra-se a mesma idéia no campo social, em Von Clausewitz (1955, p.86), para quem existe sempre um hiato entre o "fazendo" e o "feito": o primeiro se apresenta sempre (às vezes corajosamente) como meio apropriado de chegar ao segundo. Mas, como constata Clausewitz, "em razão dessa incerteza de todas as informações e de qualquer base sólida, bem como em razão de intervenções constantes do acaso, a pessoa que age está sempre diante de realidades diferentes daquelas que esperava". Em educação, como em outros campos, o caminho seguido nem sempre leva ao destino em vista. É essa meta que constitui um risco a exigir coragem do caminhante.

Coragem indispensável, pois, ao educador, em razão do peso das responsabilidades cujos meios de assumir ele nem sempre tem. Coragem para uma aposta enactante que, extra-racionalmente, faz pouco da reflexão pura ao pensar–fazer aquilo em que acredita. Pois incumbe "a cada um acreditar que, apesar de tudo, há uma educação, uma palavra criadora de coragem e humor, que pode redundar num 'Vá!' ". (O. Reboul, 1992, p.138)

A lucidez prudente, a livre aposta e a coragem implicada numa aventura cujos dados não são totalmente dominados não podem provocar no educador uma atitude de desânimo diante da imensidade da tarefa e do peso das responsabilidades. No entanto, esse desânimo poderia nascer nele se o ato de educar não pusesse em ação um motor afetivo. Para educar, é preciso crer, com tudo o que essa palavra implica de reconhecimento das insuficiências das razões do fazer. A aposta enactante tem esse preço. Enveredo pelo labirinto do processo educacional ainda que suas razões de ser e seus modos de fazer não me apareçam com clareza convincente. Quanto a seu valor, aposto nele em meu projeto e o realizo em minha ação. Eu o enacto. Assim, o último motor de meu empreendimento chama-se entusiasmo,[4] não entusiasmo simplesmente desejado e recomendado, mas entusiasmo necessário, condição *sine qua non* de chegar a meus fins; não entusiasmo desenfreado, mas entusiasmo sensato, que vem pôr fim às tergiversações do razoável. De fato, as emboscadas, as obscuridades e os obstáculos humanos e materiais são tantos em meu caminhar de educador que apenas a justificação racional não tem mais o peso suficiente para ajudar-me a percorrer o trajeto. Educo, tanto porque acredito ter razão para fazê-lo quanto porque tenho vontade de fazê-lo em nome dos valores em que aposto. Só posso educar porque acredito nisso.

E serão diferentes as coisas nos outros campos da atividade humana? No plano pessoal, verifica-se que na origem de todo processo fatores mentais e fatores bioafetivos se dão as mãos, contrárias e complementares. Em nossa vivência cotidiana, a

---

4 Tomamos aqui o termo entusiasmo em seu sentido etimológico (do grego *theos* = Deus). O entusiasmo é, assim, ardor de inspiração quase divina que se faz exaltação, adesão profunda provocada por outra coisa, que não é apenas a visão clara das coisas. É o caso de que tratamos aqui. Apenas a razão não basta para assentar os pressupostos da educação. O entusiasmo extra-racional nos faz transpor o caminho da motivação que ela não pode percorrer para realizar a ação educacional.

"razão para" raramente se separa da "vontade de". Essa interferência do racional e do extra-racional no pensamento chega a ser um método em E. Morin (1977, p.385), que recomenda "ter como único viático aquilo cuja prova é impossível, mesmo para si mesmo: curiosidade, paixão, abertura e pelo menos o sentimento de complexidade". O entusiasmo em que se banha o ato de educar é, também, feito de curiosidade, paixão e abertura. Segundo Platão (Teeteto, 155d), chega a ser a característica essencial da atitude filosófica, pois "esse estado que consiste em admirar é o estado do filósofo; a filosofia, com efeito, não começa de outro modo"; na origem da filosofia ou da educação ou de qualquer outra aventura humana, são sempre a segurança íntima, a confiança, o entusiasmo que, além das razões de agir, nos dão o desejo de realizar. Um dos pressupostos da educação, cuja importância já vimos – a aposta numa humanidade desejosa de construir a felicidade –, também se baseia na confiança da existência de um progresso possível. "'Minha escola' só existirá se houver progresso possível, portanto já real, da humanidade", tem razão para escrever G. Snyders (1991, p.159).

O educador é, portanto, homem de razão pela lucidez que tem, homem de coragem e de ação pela aposta enactante que faz em seus valores, mas também homem de coração pelo entusiasmo que o impele para eles.

A CONQUISTA PERMANENTE DE UMA TRANSCENDÊNCIA

Como vimos, para não ser dogmático, o processo educacional precisa basear-se em valores evolutivos. Coloco o valor da pessoa humana como norma de minha ação de educador, mas em outras circunstâncias esse valor poderia ter aspecto diferente do que lhe dou atualmente. Se o fundamento do demonstrado é o indemonstrado, este indemonstrado não é neces-sariamente fixo. As normas da educação, como qualquer outra realidade, são passíveis de modificações em função dos dados históricos de seu tempo e dos interesses dos homens a que elas concernem. As normas de formação da juventude de um país em guerra são diferentes das normas de um país em tempo de paz. Essa é a tese defendida por E. Weniger (1953), para quem uma teoria educacional sempre é a resposta temporária aos problemas apresentados por uma sociedade historicamente determinada. A evolução dos valores educacionais não tem como únicos fatores as determinações ambientais. No plano da pessoa, ela tem por significação a tendência permanente do indivíduo para a própria superação. Viver é tender a ser coisa diferente do que se é; a existência é autonegação permanente rumo a outro modo de ser desejado em nome de um valor escolhido. Como se sabe, esse é o ponto de vista defendido por K. Jaspers, que recusa dois tipos freqüentes de comportamento humano. O primeiro imerge totalmente o indivíduo no mundo, negando qualquer transcendência, condenando-o a um relativismo moral total, em que tudo se equivale e, correlativamente, nada vale. O segundo, ao negar a transcendência, o extrai totalmente do mundo para uma solidão que exclui o outro como exigência de reconhecimento de um valor que ele é incapaz... de reconhecer ou de se dar. Ambos, o relativista e o solitário, não têm existência real. Fixam-se num presente estagnante que já é o que sempre será, ao passo que, para K. Jaspers, o ser real da pessoa é elã permanente de superação dela por ela mesma. Não sou nunca aquilo que serei sempre. Há sempre um *algo* adiante – ou acima – de mim que me chama, que me puxa para si e vem fornecer-me a norma de minha ação presente. A humanidade não é mais ela mesma sem transcendência.

O ponto de vista de M. Heidegger (1985) não está distante do de K. Jaspers. O *Dasein* não é uma substância definitivamente fixada: ela é um ser-possível (*Möglichsein*), um *pro-jeto*. "A compreensão tem em si mesma a estrutura existencial de sermos *pro-jeto*. A compreensão *pro-jeta* o ser-aí tanto originalmente para aquilo em vista do que ele é quanto para a significabilidade, ou seja, para a mundanidade do mundo", escreve ele (§31).

Não estamos distantes da noção de perfectibilidade à qual não cessamos de fazer referência. A pedra é aquilo que será sempre. Ela não é um *Möglichsein*, um possível a mostrar, em si, a dualidade do que ele é e do que é chamado a ser. Essa é uma das idéias que O. Reboul defendeu com mais veemência. Nunca somos o que somos de modo definitivo. Estamos sempre nos tornando outra coisa. E a educação tenta fazer que essa outra coisa seja um homem construído sobre certos valores morais. "A educação, em todos os domínios, desde o nascimento até o último dia, é aprendizagem humana ... Em todos os casos, aprendemos a tornar-nos homens" (1989, p.19). Depois, adiante, novamente (p.25), "ser homem é aprender a tornar-se homem ... Nunca acabamos de 'tornar-nos homens', e o acesso à cultura humana nunca está adquirida: não há diploma de humanidade que ponha fim à educação".

Educar é participar do sentido dessa auto-superação perpétua que constitui a pessoa. Superação rumo a quê?

É nesse nível que se torna inevitável o problema da transcendência. Com K. Jaspers, acabamos de ver que sua ausência é negadora dos valores em nome dos quais essa superação poderia ocorrer. Na ausência de valores transcendentais – não será o caso dos chamados sem fé nem lei? –, essa superação ocorrerá segundo as normas de um ambiente natural que, como tal, só conhece a lei do mais forte, normas das quais a pessoa não participará. Portanto, se os valores transcendentais devem existir, quais são eles? Parece-nos que há dois tipos:

- Valores absolutos. São os valores religiosos, metafísicos, sociais, políticos, estéticos etc. que se pretendem não só transcendentais como também definitivos e universais. O que interessa nesses valores absolutos muitas vezes é seu potencial de transmitir segurança. Tomando-os como referência, a ação educacional adquire mais segurança pelo sentido que ganha e pelo caminho que se lhe mostra, em lhe faltando o aclaramento convincente da reflexão pessoal do educador. Minha ação de educador, por exemplo, vai encontrar justificação plena (além de minha própria reflexão, e às vezes a despeito de sua insuficiência) num referencial que pode ser a Torá, os Evangelhos ou o Alcorão.
- Valores pessoais. São os valores enactados pela própria pessoa. As normas de ação, nesse caso, são as que a pessoa enacta, ou seja, as que ela concebe, as que ela pensa–realiza ao mesmo tempo e no mesmo ato. Serão uma idéia de homem,

de mundo, de beleza ou de bem etc. Essa idéia é, ao mesmo tempo, imanente e transcendente à pessoa. Emana dela, de sua criação, de sua enação, que a projeta para a frente de si mesma numa transcendência provisória, transcendência porquanto essa idéia de homem está por se realizar, portanto está fora dela, e provisória porque historicamente determinada. A pessoa tende para essa transcendência, de cujo delinear ela participa por sua enação. Está sempre a transformar-se nesse ser que ela enacta em seu pensamento-ação; pensa-se a fazer-se realizando o projeto que ela mesma elaborou. E esse projeto nunca é definitivo. Não há último passo. Cada passo é um trampolim para o seguinte, construindo-se assim uma transcendência permanente e sempre renovada. Há sempre uma imagem transcendental para a qual tende o educador sem nunca assumir a mesma fisionomia. O que dizemos pode ser ilustrado pelo alpinismo. O alpinista, ao subir pela montanha, projeta o mais adiante possível o seu gancho, que se transforma então num motor e marca a direção de sua progressão, assim como o educador projeta seus valores de vida adiante de si para transformá-los em motor e referenciais de sua ação. Mas, dado esse passo para o alto, nosso alpinista jogará de novo o gancho mais acima, rumo a uma nova superação de si mesmo que, como vimos, constitui o próprio significado de ser alpinista. O gancho está sempre na frente do alpinista, assim como os valores estão sempre no dever-ser do educador. Mas esse "na frente" e esse "dever-ser" nunca são definitivos: são sempre provisoriamente transcendentes.

CONCLUSÃO

EDUCAÇÃO, UMA NEGUENTROPIA HUMANA

A educação é um empreendimento fundamentado em apostas enactantes que constituem a unidade e o sentido de seus componentes. É coordenação significante daquilo que, disperso ou sem relações aparentes, se apresentaria sem significado. No plano do corpo, é coordenadora dos componentes da motricidade pessoal em torno de uma imagem física que propicie o melhor desenvolvimento possível e a melhor adaptação ao meio ambiente. No plano da bioafetividade, é coordenadora dos afetos como motores onipresentes do comportamento em sua relação permanente com o prazer e com a dor. No plano das relações pessoais, prepara para a substituição da agressividade segregativa pelo relacionamento que une e enriquece, por se basear em certa idéia de coesão interindividual e social. No plano da moral, tenta organizar as tendências humanas fundamentais segundo uma norma de bem que, mesmo variando de uma cultura para outra, não deixa de existir na base de nossas ações.

É como organizador do mundo, à luz de normas humanas, que o empreendimento educação poderia então ser integrado no universo, para que seu sentido seja descoberto. Com esse fim, podemos tomar em consideração a abordagem proposta por E. Morin (1977) da realidade físico-biossocial. Essa abordagem baseia-se no segundo princípio da termodinâmica, o chamado princípio de Carnot-Clausius. A evolução do mundo tem como motor essencial o par entropia–neguentropia, desordem– ordem, desorganização–reorganização. O universo está sempre se autodestruindo num inexorável e perpétuo movimento de entropia. Mas, do mesmo modo, forças neguentrópicas estão sempre reorganizando o desorganizado, reagrupando o disperso, sem, porém, que a reorganização possa apagar todas as desordens da desorganização. Essas forças neguentrópicas de reconstituição são naturais, e, como tais, procedem apenas de causalidades físico-biossociais sem finalidade definida nem, *a fortiori*, decidida. Estamos, pois, diante de uma neguentropia natural em conflito com a entropia cósmica.

Nesse quadro, a educação não poderia então ser considerada – a exemplo de outros setores da atividade humana – uma neguentropia humana apreendida não tanto como criadora de organização, mas como orientadora da neguentropia natural, num sentido – pelo menos parcialmente – decidido pelo homem? O par conflituoso entropia–neguentropia pode ser ilustrado pelo percurso desordenado e devastador de um rio, a cujas forças hídricas a intervenção humana não conferirá reorganização, mas sim sentido; e aqui esse termo é usado em todas as suas acepções, de direção e significado. É isso o que já se pode perceber em Platão, por exemplo, quando ele nos diz (Fédon, 1959f) que é a "inteligência que põe tudo em ordem". Nós faríamos um reparo: que dá sentido humano à ordem natural. Assim, apostar em certos pressupostos da educação é – para além das próprias situações educacionais – decidir o tipo de organização que se deseja dar ao mundo físico-biossocial, e, neste, o rosto do homem, como compensação da desordem entrópica permanente que ele nos apresenta. A educação tenta humanizar a neguentropia sem a qual o mundo se autodestruiria. Essa neguentropia humana assume diferentes aspectos. E. Morin (1977) cita, entre eles, o cérebro, evidentemente, como instrumento de síntese e compreensão, a linguagem que participa da organização do conteúdo do pensamento, as organizações urbanas que reagrupam – às vezes, em excesso – as populações esparsas, e por fim as estruturas sociopolíticas e culturais, com (obviamente) as estruturas educacionais.

Educar é recusar deixar por conta apenas da *natureza* a orientação do mundo em que vivemos. Em nossos tempos, a natureza não é mais o único fator da fisionomia do mundo. Pelo sentido humano em vista, a humanidade participa da orientação de sua evolução tendo em vista finalidades que ela mesma decide. É assim que, às vezes, num movimento de revolta, ela tenta opor o que deve ser ao que é, o dever ao poder, a lei humana de respeito ao próximo ao poder das coisas, em virtude do qual só prevalece a força. É nesse sentido que uma educação autenticamente humana é contrária à natureza. Mas a educação do homem pelo homem nem sempre tem só esse aspecto. Segundo as finalidades que ela se confere, acaba por ajudar, a exemplo do que ocorre com outras atividades, a tornar humano um mundo que nada predispõe a sê-lo, ou a precipitá-lo na autodestruição. Ela é o campo no qual se expressa uma liberdade de escolha cujo preço para o homem é uma dramática responsabilidade. É essa responsabilidade que constitui a grandeza e a fragilidade desse empreendimento.

REFERÊNCIAS BIBLIOGRÁFICAS

ALAIN. Propos. In: *Oeuvres*. Paris: Gallimard, 1970. t.II. (La Pléiade.)
ARISTÓTELES. *Ethique à Nicomaque*. Trad. franc. Voilquin. Paris: Garnier, Flammarion, 1965.
_____. *Métaphysique*. Trad. franc. Tricot. Paris: Vrin, 1964.
_____. *De la génération et de la corruption*. Trad. franc. Mugler. Paris: Les Belles Lettres, 1966.
_____. *De l'interprétation*. Trad. franc. Tricot. Paris: Vrin, 1969.
_____. *De l'âme*. Trad. franc. Tricot. Paris: Vrin, 1972.
ATLAN, H. Entre le cristal et la fumée. Paris: Le Seuil, 1986.
_____. *Tout, non, peut-être*. Paris: Le Seuil, 1991.
AUDIGIER, F. Enseigner la société, transmettre des valeurs. *Revue française de pédagogie*, n.94, p.37-48, jan. 1991.
BACHELARD, G. *Le nouvel esprit scientifique*. Paris: PUF, 1934.
_____. *La psychanalyse du feu*. Paris: Gallimard, 1938.
_____. *La formation de l'esprit scientifique*. Paris: Vrin, 1970.
_____. *La philosophie du non*. Paris: PUF, 1975.
BACON, F. De dignitate et augmentis scientiarum. In: *Oeuvres*. F. Riaux. Paris, 1852-1859.
_____. *Novum organum*. Ed. M. Malherbe, J.-M. Pousseur. Paris: PUF, 1986.

BAIER, K. *Moral Education, Interdisciplinary Approaches*. Toronto: University Toronto Press, 1971.

BARROW, R. *Common Sense and the Curriculum*. London: Allen & Unwin, 1976.

BEAUVOIR, S. de. *Pour une morale de l'ambiguïté*. Paris: Gallimard, 1947.

BENTHARN, J. *An Introduction to the Principles of Morals and Legislation*. London: Payne, 1789.

BERGER, G. *L'homme moderne et son éducation*. Paris: PUF, 1967.

BERGSON, H. *Essai sur les données immédiates de la conscience*. Paris: PUF, 1967.

_____. *La pensée et le mouvant*. In: *Oeuvres*. Paris: PUF, Centenaire, 1970.

_____. *L'évolution créatrice*. Paris: PUF, 1994.

BERNBAUM, G. *Knowledge and Ideology in the Sociology of Education*. London: MacMillan, 1977.

BERNSTEIN, B. *Langage et classes sociales*. Trad. franc. J.-C. Chamboredon. Paris: Minuit, 1975.

BLOCH, E. *Experimentum mundi*. Trad. franc. G. Raulet. Paris: Payot, 1981.

BLONDEL, M. *L'action*. Paris: PUF, 1993.

BOURDIEU, P. Entrevista a Franck Nouchi. *Le Monde*, Paris, 7 dec. 1993.

BOWLES, S., GINTIS, H. *Schooling in Capitalist America*. London: Routledge & Kegan Paul, 1976.

BRANDT, R., KIM, J. Wants as explorations of actions. *Journal of Philosophy*, v.60, p.425-35, 1963.

BRÉHIER, É. *Histoire de la philosophie*. Paris: PUF, 1948. t. I e II (Période hellénistique et romaine).

CAMUS, A. *L'homme révolté*. Paris: Gallimard, 1958 (1000 Soleils).

CARNAP, R. Testability and meaning. In: FEIGL, H., BRODBECK, M. (Ed.) *Readings in the Philosophy of Science*. New York: Appleton, Century Crofts, 1953. p.47-92.

_____. *Logical Foundations of Probability*. Chicago: The University of Chicago Press, London: Routledge & Kegan Paul, 1962.

CHARBONNEL, N. *L'impossible pensée de l'éducation*. Sur le "Wilhelm Meister" de Goethe. Freiburg: Del Val, 1987.

CHURCHLAND, P. Trie logical character of action-explorations. *Philosophical Review*, v.79, p.214-36, 1970.

CÍCERO. Premiers académiques. In: *Les Stoïciens*. Trad. Franc. E. Bréhier. Paris: Gallimard, 1962. p.187-256. (La Pléiade).
CLAUSEWITZ, C. von. *De la guerre*. Paris: Minuit, 1955.
COMTE, A. *Système de politique positive*. Paris: Librairie scientifique-industrielle, L. Mathias, 1928. 4 t.
_____. *Cours de philosophie positive*. Paris: Hermann, 1990.
CONDORCET, M. J. A. N. de. *Esquisse d'un tableau historique des progrès de l'esprit humain*. Paris: Garnier, Flammarion, 1988.
COOPER, D. *The Illusions of Equality*. London: Routledge & Kegan Paul, 1980.
DAVIDSON, D. Mental Events. In: *Essays on Actions and Events*. Oxford: Oxford University Press, 1980. p.207-27.
DAVIES, P. *Superforce, The Search for a Grand Unified Theory of Nature*. New York: Simon & Schuster, 1984.
DESCARTES, R. Règles pour la direction de l'esprit. In: *Oeuvres et Lettres*. Apresentação de A. Bridoux. Paris: Gallimard, 1963. p.42ss. (La Pléiade).
DEWEY, J. *L'école et l'enfant*. Delachaux & Niestlé, 1971.
DIDEROT, D. De l'interprétation de la nature. In: *Oeuvres complètes*. Ed. Lewinter. Paris: Club Français du Livre, 1969-1973.
_____. *Pensées détachées sur la peinture*. Paris: Garnier, 1977.
DILTHEY, W. Idées concernant une psychologie descriptive et analytique. In: *Le monde de l'esprit*. Trad. franc. M. Rémy. Paris: Aubier, 1947.
DIÓGENES, L. *Vie, doctrines et sentences des philosophes illustres*. Trad. franc. R. Gouaille. Paris: Garnier, Flammarion, 1965.
DREEBEN, R. The Contribution of Schooling to Learning of Norms. *Harvard Educational Review*, v.37, n.2, p.211-37, 1967.
_____. *On What is Learned in School Reading*. Mass.: Addison, Westley, 1968.
_____. The Unwritten Curriculum and its Relation to Values. *Journal of Curriculum Studies*, v.8, n.2, p.111-24, 1976.
DUHEM, P. *La théorie physique, son objet et sa structure*. Paris: Marcel Rivière, 1914.
DUPUY, J.-P. Introduction aux sciences sociales. *Logique des phénomènes collectifs*. Paris: Ellipses-École Polytechnique, 1992.
DURKHEIM, É. *L'éducation morale*. Paris: PUF, 1963.
_____. *L'évolution pédagogique en France*. Paris: PUF, 1969.
_____. *Sociologie et philosophie*. Paris: PUF, 1974.

DURKHEIM, É. *Leçons de sociologie: physique des moeurs et du droit*. Paris: PUF, 1990a.

_____. *Les formes élémentaires de la vie religieuse*. Paris: PUF, 1990b.

_____. *Règles de la méthode sociologique*. Paris: PUF, 1992a.

_____. L'enseignement de la morale à l'école primaire. *Revue française de sociologie*, v.23, n.4, p.611-23, 1992b.

_____. *De la division du travail social*. Paris: PUF, 1994.

ELLIOTT, R. K. Education, Love of One's Subject and the Love of Truth. In: *Proceeding of the Philosophy of Education Society of Great Britain*, v.8, n.1, p.135-53, 1974.

EPICTETO. *Entretiens*. Ed. J. Souilhé, rev. A. Jagu. Paris: Les Belles Lettres, 1948-1969.

FALLETTA, N. *Le livre des paradoxes*. Pierre Belfond, 1992.

FILLOUX, J. *Du contrat pédagogique*. Paris: Dunod, 1974.

FORQUIN, J.-C. Justification de l'enseignement et relativisme culturel. *Revue française de pédagogie*, n.97, p.13-30, oct. 1991.

FOUCAULT, M. *L'histoire de la folie à l'âge classique*. Paris: Gallimard, 1961.

_____. *Naissance de la clinique*. Paris: Gallimard, 1963.

_____. Surveiller et punir, naissance de la prison. Paris: Gallimard, 1975.

FREUD, S. *Nouvelles conférences sur la psychanalyse*. Paris: Gallimard, 1975. (Idées).

_____. Psychologie des masses et analyse du moi. In: *Oeuvres complètes, XIII*, 1991a.

_____. Au-delà du principe de plaisir. In: *Oeuvres complètes, XIII*, 1991b.

_____. Le moi et le ça. In: *Oeuvres complètes, XIII*, 1991c.

GADAMER, H. G. *Vérité et méthode*. Paris: Le Seuil, 1976.

GALLISTEL, G. R. *The Organization of Action*. Cambridge: MIT Press, 1984.

GAMEL, C. Économie de la justice sociale. In: *Repères éthiques du capitalisme*. Paris: Éditions Cujas, 1992.

GAUDEMAR, P. de, CARDI, F., PLANTIER, J. Durkheim, sociologue de l'éducation. *Journées d'études*, 15-16 oct. 1992. Paris: INRP, L'Harmattan, 1993.

GIDE, A. *Les caves du Vatican*. Paris: Gallimard, 1972.

GINGRAS-AUDRET, J.-M. L'école et la transmission des valeurs. *Prospectives*, Montréal, v.17, n.1, 1981.

GOBLOT, E. *Traité de logique*. Pref. E. Boutroux. Paris: A. Colin, 1925.

GODWIN, W. *Political justice*. University of Toronto Press, 1946.
GRANGER, G. G. *Pensée formelle et sciences de l'homme*. Paris: Aubier, 1960.
GURVITCH, G. La science des faits moraux et la morale théorique chez E. Durkheim. In: *La vocation actuelle de la sociologie*. Paris: PUF, 1950.
HABERMAS, J. *Connaissance et intérêt*. Paris: Gallimard, 1976.
HANNOUN, H. La philosophie de l'éducation comme antibarbarie. In: HANNOUN, H., DROUIN, A. M. (Dir.) *Pour une philosophie de l'éducation*. Dijon: CNDP, 1994. p.21-30.
_____. *Comprendre l'éducation*. Paris: F. Nathan, 1995.
HARE, R. M. *The Language of Morals*. Oxford: Oxford University Press, 1952.
HEGEL, F. *Science de la logique*. Trad. franc. S. Jankélévitch. Paris: Aubier, Montaigne, 1947.
_____. *Esthétique*. Paris: Champs-Flammarion, 1979.
_____. *Phénoménologie de l'esprit*. Paris: Aubier, 1992.
HEIDEGGER, M. *Être et temps*. Trad. franc. E. Martineau. Paris: Authentica, 1985.
HELVETIUS. *De l'esprit*. Paris: Fayard, 1988.
HEMPEL, C. *Aspects of Scientific Explanation and other Essays in the Philosophy of Science*. New York: The Free Press, 1965.
HENRIOT, J. *Existence et obligation*. Paris: PUF, 1967.
HENRY, M. *L'essence de la manifestation*. Paris: PUF, 1963. 2 v.
HERSKOVITS, M. J. *Man and his Works*. New York: Knopf, 1948.
_____. *Economic Anthropology*. New York: Norton & Co., 1965.
HILBERT, D. *Les fondements de la géométrie*. Paris: Dunod, 1971.
HOBBES, T. *Leviathan*. Trad. franc. F. Tricaud. Paris: Sirey, 1971.
HOLLIS, M. The limits of irrationality. In: WILSON, B. R. (Org.) *Rationality*. Oxford: Basil Blackwel, 1970, p.214-20.
_____. The Social Destruction of Reality. In: HOLLIS, M., LUKES, S. (Org.) Oxford: Basil Blackweel, 1982. p.67-86.
HOLLIS, M., LUKES, S. Introduction. In: HOLLIS, M., LUKES, S. (Org.) *Rationality & Relativism*. Oxford: Basil Blackwell, 1982. p.1-20.
HOOKER, C. A. et al. (Org.) *Foundations and Applications of Decision Theory*. Dordrecht: Reidel, 1978. 2 v. (Western Ontario Series).
HOUSSAYE, J. *Les valeurs à l'école*. L'éducation aux temps de la sécularisation. Paris: PUF, 1992.
HUSSERL, E. *Idées directrices pour une phénoménologie*. Trad. franc. P. Ricoeur. Paris: Gallimard, 1950.

JACKSON, P. W. *Life in Classrooms*. New York: Holt, Rinehart & Winston, 1968.

JAKOBSON, R. Conférences faites au Collège de France, Compte rendu de Guy Legrand et Jean-Pierre Vigna. *L'Education*, 15 mars 1973.

JAMES, W. *La volonté de croire*. Paris: Flammarion, 1916.

JASPERS, K. *La foi philosophique face à la révélation*. Trad. franc. Kamnitzer. Paris: Plon, 1973.

JUNG, C. G. *Dialectique du moi et de l'inconscient*. Paris: Gallimard, 1964.

KANT, I. *Critique de la raison pure*. Trad. franc. Barni. Paris: Gibert, 1943.

_____. Qu'est-de que les lumières?. In: *La philosophie de l'histoire*. Trad. franc. Piobetta. Paris: Aubier, 1947.

_____. *Fondements de la métaphysique des mœurs*. Trad. franc. Delbos. Paris: Delagrave, 1952.

_____. *Critique de la raison pratique*. Trad. franc. F. Picavet. Paris: PUF, 1960.

_____. *Critique de la faculté de juger*. Trad. franc. A. Philonenko. Paris: Vrin, 1965.

_____. *Réflexions sur l'éducation*. Paris: Vrin, 1966.

_____. *Qu'est-ce qu'orienter sa pensée*. Trad. franc. A. Philonenko. Paris: Vrin, 1972.

_____. *Réponse à Eberhard*. Trad. franc. Roger Kempf. Paris: Vrin, 1973.

KARADY, V. La morale et la science des mœurs chez Durkheim et ses compagnons. *Revue universitaire de science morale*, v.12-3, p.85-114, 1970.

KLEENE, S. C. *Bibliotheca Mathématica. Introduction to metamathematics*. Amsterdam: North-Holland Publishing Company, 1952. v.1.

KLEINIG, J., PETERS, R. S. Use of Transcendental Arguments. *Proceedings of the Philosophy of Education Society of Great Britain*, v.7, n.2, p.149-66, 1973.

KOHLBERG, L. Moral Education in the Schools: A developmental view. *School Review*, v.74, n.1, p.30, 1966.

_____. *Moral Development and Behavior:* Theory, Research and Social Issue. New York: Holt, Rinehart & Winston, 1976.

LABORIT, H. *La nouvelle grille*. Paris: Galimard, 1985.

_____. *Biologie et structure*. Paris: Gallimard, 1987.

LACAN, J. Réponses à des étudiants en philosophie sur l'objet de la psychanalyse. *Cahiers pour l'analyse*, n.3, p.12, 1973.

LADRIÈRE, J. *La limitation interne des formalismes*. Étude sur la signification du théorème de Gödel et des théorèmes apparentés dans la théorie des fondements des mathématiques. Louvain: Nauwelaerts; Paris: Gauthier-Villars, 1957.

LAGNEAU, J. *Célèbres leçons et fragments*. Paris: PUF, 1964.

LA ROCHEFOUCAULD, F. de. *Réflexions ou sentences et maximes morales*. D. Secrétan. Genève: Droz, 1967.

LAUTREY, J. *Classe sociale, milieu familial, intelligence*. Paris: PUF, 1980.

LEBRET, G. *Système, personne et pédagogie*. Une nouvelle voie pour l'éducation. Paris: ESF, 1993.

_____. *L'école du dedans*. Paris: Hachette, 1992.

LEGRAND, L. *Les politiques de l'éducation*. Paris: PUF, 1988.

LEIBNIZ, G. W. *Nouveaux essais sur l'entendement humain*. J. Brunschvig. Paris: Garnier, Flammarion, 1966.

_____. *Discours de métaphysique*. H. Lestienne. Paris: Vrin, 1970.

LERCY, E. *Le problème de Dieu*. L'Artisan du livre, 1929.

LEVINAS, E. *Éthique et infini. Dialogue avec Philippe Nemo*. Paris: Fayard, 1982.

LEVY-STRAUSS, C. *Le totémisme aujourd'hui*. Paris: PUF, 1962.

_____. *Anthropologie structurale II*. Paris: Plon, 1973.

LOCKE, J. *Essai philosophique concernant l'entendement humain*. Paris: Vrin, 1972.

LOCKWOOD, A. A Critical View of Values Clarification. In: PURPEL, D., RYAN (Org.) *Moral Education... It comes with the Territory*. Berkeley, California: McCutchan, 1976. p.152-70.

LUKES, S. Some Problems About Rationality. In: WILSON, B. R. (Org.) *Rationality*. Oxford: Basil Blackwell, 1970. p.194-213.

_____. On the Social Determination of Truth. In: HORTON, R., FINNEGAN, R. (Org.) *Modes of Thought:* Essay in Thinking in Western and Non-Western Societies. London: Faber, 1973a. p.230-48.

_____. *Émile Durkheim*. His life and work: A Historical and Critical Study. London: Allen Lane (republ. London: Penguin Books) 1973b.

_____. Relativism in its Place. In: HOLIS, M., LUKES, S. (Org.) *Rationality and Relativism*. Oxford: Basil Blackwell, 1982. p.261-305.

LYNCH, J. *Teaching in the Multicultural School*. London: Ward Lock, 1983.

MAISON, L. *Les enfants sauvages*. Paris: UGE, 1964.

MARX, K. Le manifeste du Parti communiste. In: *Œuvres complètes* Paris: Gallimard, 1963. p.161-95. (La Pléiade.)

MATURANA, H., VARELA, F. *The Tree of Knowledge:* the Biological Roots of Human Understanding. Boston: New Science Library, 1986.

MAUSS, M. Représentations collectives et diversité des civilisations. In: *Œuvres* Paris: Minuit, 1969a.

_____. Les fondations du sacré. In: *Œuvres* Paris: Minuit, 1969b.

MEIRIEU, P. *Le choix d'enseigner.* Éthique et pédagogie. Paris: ESF, 1991.

MELDEN, A. I. *Free Action.* London: Routledge & Kegan Paul, 1961.

MERLEAU-PONTY, M. *Phénoménologie de la perception.* Paris: Gallimard, 1976.

MESSARA, A. N. *La religion dans la pédagogie interculturelle.* Essai comparé sur le concept de laïcité en éducation et application aux sociétés multicommunautaires. Frankfurt: Deutsches Institüt fur Internationale Pädagogische Forschung, 1988.

MONOD, J. *Le hasard et la nécessité.* Paris: Le Seuil, 1970.

MORIN, E. *La méthode.* v.1. La nature de la nature. Paris: Le Seuil, 1977.

_____. *Terre-Patrie.* Paris: Le Seuil, 1993.

MUSGRAVE, P. W. *The Moral Curriculum:* A Sociological Analysis. London: Methuen, 1978.

NAGEL, E., NEWMAN, J. R. *Gödel's Proof.* New York: New York University Press, 1958.

NEURATH, O. *Empirism and Sociology.* Ed. M. Neurath, R. S. Cohen. Dordrecht, Boston: D. Reidel Publ. Co, 1937.

NICOLESCU, B. *Nous, la particule et le monde.* Paris: Le Mail, 1985.

NIETZSCHE, F. *La volonté de puissance.* Paris: Gallimard, 1938. 2 v.

_____. *Œuvres philosophiques complètes* Trad. franc. e dir. M. de Gandillac. Paris: Gallirnard, 1967-1992.

NORDENBO, S. E. Pluralism, Relativism and the Neutral Teacher. *Journal of Philosophy of Education*, v.12, p.129-40, 1978.

PARSONS, T. *The Structure of Social Action.* New York: McGrawHill, 1937.

_____. *The Social System.* New York: Free Press, 1951.

_____. The School Class as Social System: Some of its Functions in American Society. *Harvard Educational Review*, v.29, n.4, p.297-318, 1959.

PASCAL, B. *Œuvres complètes* Ed. H. Gouhier, L. Lafuma. Paris: Seuil, 1963.

PETERS, R. S. Education as Initiation. In: ARCHAMBAULT, R. D. (Org.) *Philosophical Analysis and Education*. London: Routledge & Kegan Paul, 1965. p.87-111.

_____. *Ethics and Education*. London: Allen & Unwin, 1966.

_____. What Is an Educational Process?. In: _____. (Org.) *The Concept of Education*. London: Routledge & Kegan Paul, 1967. p.1-23.

PETERS, R. S. Education and the Educated Man. In: DEARDEN, R. F., HIRST, P. H., PETERS, R. S. (Org.) *Education and the Development of Reason*. London: Routledge & Kegan Paul, 1972. p.3-18.

PIAGET, J. *Le jugement moral chez l'enfant*. Paris: PUF, 1932.

_____. *Épistémologie des sciences de l'homme*. Paris: Gallimard, 1970. (Idées.)

PICKERING, W. S. F. *Durkheim: Essays on Morals and Education*. London: Routledge & Kegan Paul, 1979.

PLUNKETT, D. *Secular and Spiritual values*. Grounds for hope in education. London, New York: Routledge, 1990.

POINCARÉ, H. *La science et l'hipothèse*. Paris: Flammarion, 1943.

POPPER, K. R. *La logique de la découverte scientifique*. Paris: Payot, 1973.

PRADINES, M. *Traité de psychologie générale II*. Paris: PUF, 1948.

PRING, R. *Knowledge out of Control Education for Teachning*. 1972.

RAWLS, J. *Théorie de la justice*. Paris: Le Seuil, 1987.

REBOUL, O. *La philosophie de l'éducation*. Paris: PUF, 1989.

_____. Nos valeurs sont-elles universelles? *Revue française de pédagogie*, n.97, p.5-11, out. 1991.

_____. *Les valeurs de l'éducation*. Paris: PUF, 1992.

RICOEUR, P. *Le volontaire et l'involontaire*. Paris: Aubier, 1964. 3 t.

RORTY, R. *L'homme spéculaire*. Paris: Le Seuil, 1990.

ROUSSEAU, J.-J. Profession de foi du Vicaire savoyard. In: *Œuvres complètes*. Paris: Gallimard, 1964a.

_____. Discours sur l'origine de l'inégalité parmi les hommes. In: *Œuvres complètes* Paris: Gallimard, 1964b. (La Pléiade).

RUSSEL, B. Les paradoxes de la logique. In: *Revue de métaphysique et de morale*, v.14, p.627-50, 1906.

SARTRE, J.-P. *Situations I*. Paris: Gallimard, 1947 (reed. 1993).

_____. *L'être et le néant*. Paris: Gallimard, 1949.

_____. *Saint Genet, comédien et martyr*. Paris: Gallimard, 1952.

SCHELER, M. *Nature et formes de la sympathie*. Contribution à l'étude des lois de la vie affective. Trad. franc. M. Lefebvre. Paris: Payot, 1971.

_____. *Le formalisme en éthique et l'éthique matériale des valeurs*. Trad. franc. M. de Gandillac. Paris: Gallimard, 1991.

SCHELLING, F. W. J. *Premiers écrits*. Trad. franc. J.-F. Courtine. Paris: PUF, 1987.

_____. *Recherches philosophiques sur l'essence de la liberté humaine et les questions connexes*. Trad. franc. B. Gilson. Paris: Vrin, 1988.

SCHLICK, M. *Écrits philosophiques*. Trad. franc. P. Heath, W. Sellars, H. Feigl & Co. Ed. H. L. Mulder, B. F. B. Van de Velde. Schlick, 1979. v.II.

SCHOPENHAUER, A. *Le monde comme volonté et représentation*. Trad. franc. J. Burdeau (rev. R. Roos). Paris: PUF, 1966.

SERRES, M. Les sciences. In: LE GOFF, J., NORA, P. (Dir.) *Faire l'histoire*. Paris: Gallimard, 1974, v.2.

SEARLE, J. *Du cerveau au savoir*. Paris: Hermann, 1984.

SMITH, A. *Recherches sur la nature et les causes de la richesse des nations*. Paris: Flammarion, 1991.

SNYDERS, G. *La joie à l'école*. Paris: PUF, 1986.

_____. *Des élèves heureux*. Issy-les-Moulineaux: EAP, 1991.

SOETARD, M., BOHM, W. L'évolution de la pensée pédagogique allemande (RFA) depuis les années soixante. *Revue française de pédagogie*, n.84, p.67-81, jul. 1988.

STEINER, G. *Le sens du sens*. Paris: Vrin, 1988. (Présences réelles).

STOUTLAND, F. Oblique causation and reasons for action. *Synthèse*, v.43, p.351-67, 1980.

SUMMER, W. G. *Folkways*. Boston: Ginn & Co., 1906.

TERRÉ-FORNACCIARI, D. *Les sirènes de l'irrationnel*. Quand la science touche à la mystique. Paris: Albin Michel, 1991.

TEUBNER, G. *Le droit, un système auto-poïétique*. Paris: PUF, 1993.

TOMÁS DE AQUINO. *Somme de théologie*. Paris: Le Cerf, 1989.

TONNIES, F. *Communauté et société*. Paris: PUF, 1944.

VARELA, F. *Connaître les sciences cognitives*. Tendances et perspectives. Paris: Le Seuil, 1989a.

_____. Autonomiè et connaissance. Paris: Le Seuil, 1989b. Entrevista a J. Mallet e J.-F. Dortier. *Sciences humaines*, n.31, août/sept. 1993a.

VARELA, F., BOURGINE, P. *Toward a practice of autonomus Systems*. Cambridge: MIT Press, 1992.

VARELA, F., ROSCH, E., THOMPSON, E. *L'inscription corporelle de l'esprit*. Paris: Le Seuil, 1993b.

WEBER, M. *Le savant et le politique*. Paris: Plon, 1959.

WEIL, É. *Logique de la philosophie*. Paris: Vrin, 1950.

WEINBERG, S. *Les trois premières minutes de l'univers*. Paris: Le Seuil, 1978.

WHITE, J. P. *Towards a Compulsory Curriculum*. London: Routledge & Kegan Paul, 1973.

WRIGHT, G. von H. *Explanation and Understanding*. London: Routledge & Kegan Paul, 1971.

ZAZZO, R., GILLY, M., VERBA-RAD, M. *Nouvelle échelle métrique de l'intelligence*. Paris: A. Colin, 1966.

ZEC, P. Multicultural Education: what kind of Relativism is Possible?. In: JAMES, A., JEFFCOATE, R. (Org.) *The school in the Multicultural Society*. London: Harper & Row e The Open University Press, 1981. p.29-44.

SOBRE O LIVRO

Coleção: Encyclopaidéia
Formato: 14 x 21 cm
Mancha: 23 x 42,5 paicas
Tipologia: ITC New Baskerville 10/13
Papel: Pólen 80 g/m² (miolo)
Cartão Supremo 250 g/m² (capa)
1ª edição: 1998
1ª reimpressão: 1999

EQUIPE DE REALIZAÇÃO

Produção Gráfica
Edson Francisco dos Santos (Assistente)

Edição de Texto
Fábio Gonçalves (Assistente Editorial)
Ingrid Basílio (Preparação de Original)
Maria Ângela Silva Bacellar e
Ana Paula Castellani (Revisão)

Editoração Eletrônica
Editora Parma Ltda.

IMPRESSÃO
IMPRENSA OFICIAL
SERVIÇO PÚBLICO DE QUALIDADE
Rua da Mooca, 1921   São Paulo   SP
Tel.: (011) 6099-9457/6099-9529
CNPJ 48.066.047/0001-84
http://www.imesp.com.br